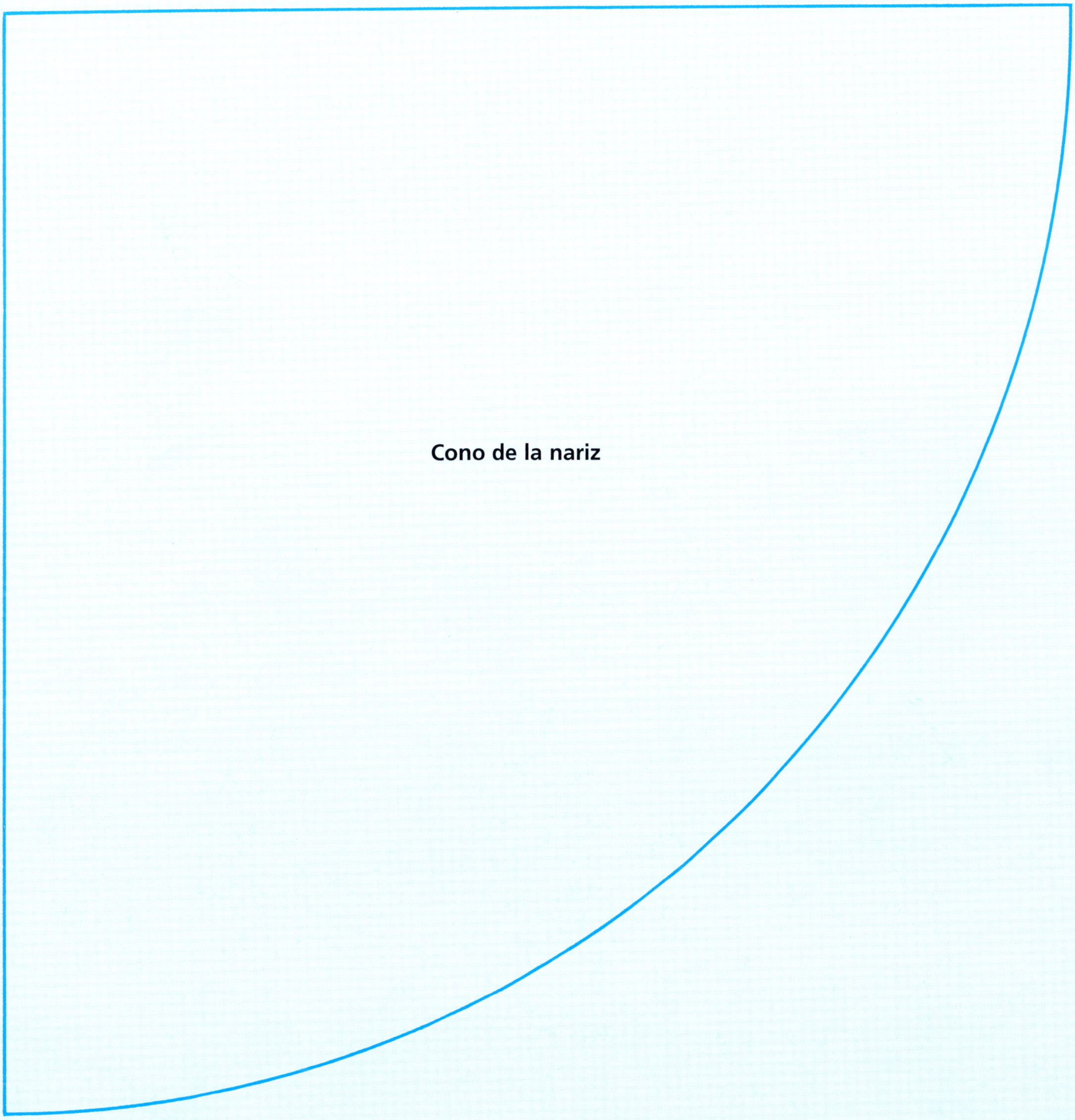
Cono de la nariz

CÓMO FUNCIONA LA CIENCIA

COHETES

Y OTRAS NAVES ESPACIALES

JOHN FARNDON

Traducción:
Alberto Holguín

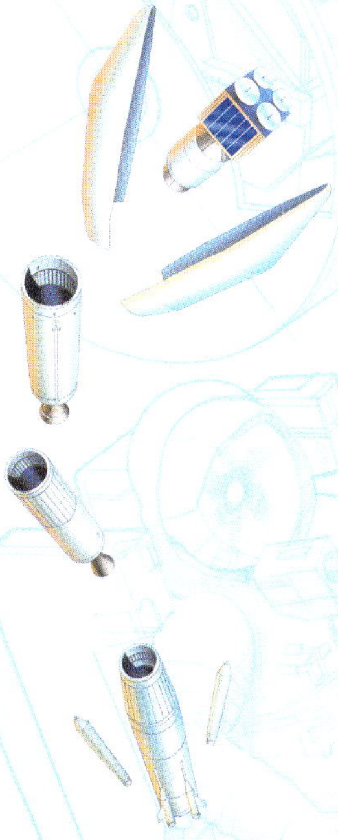

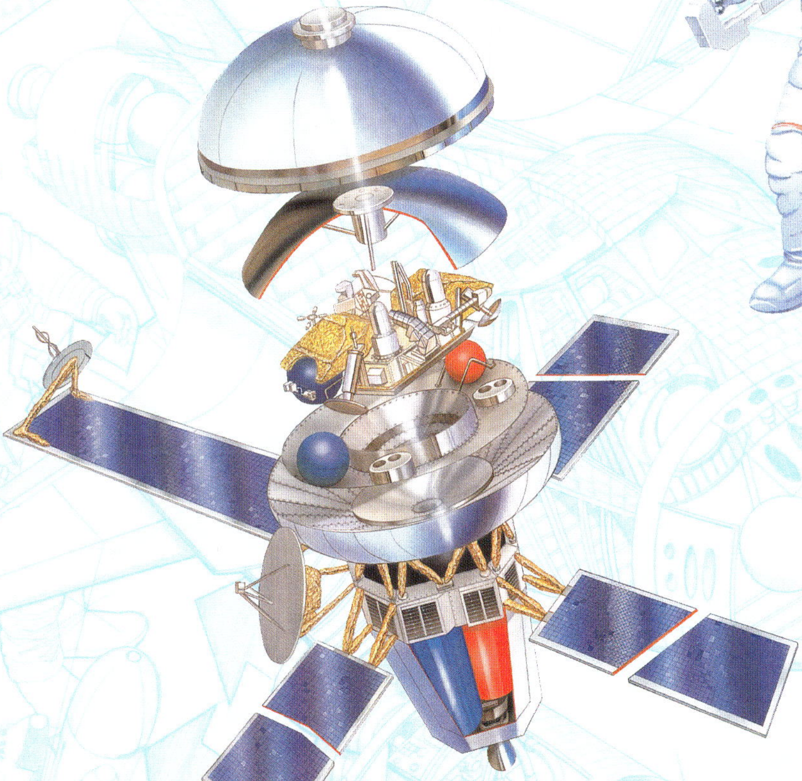

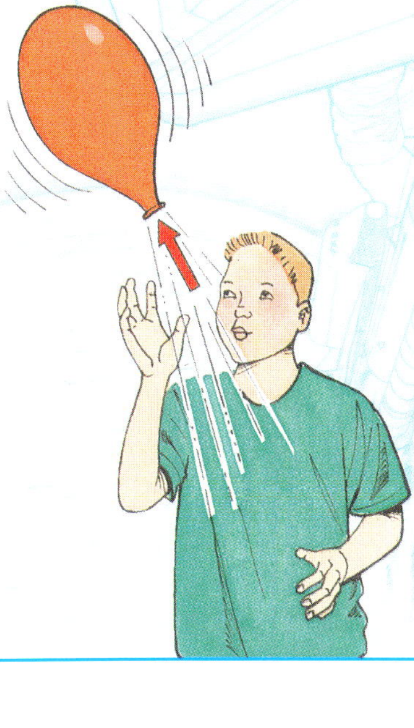

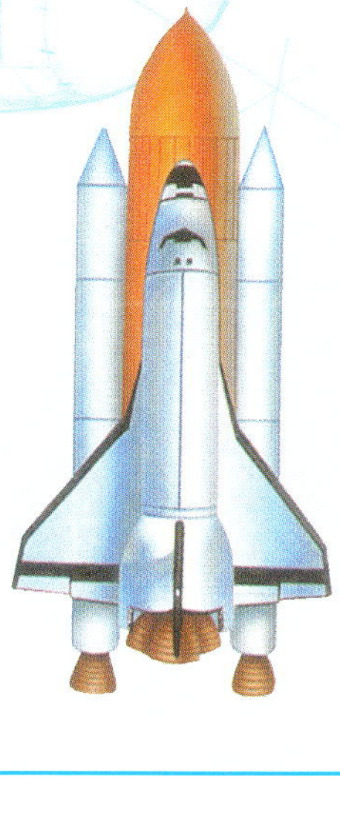

PANAMERICANA
EDITORIAL

CONTENIDO

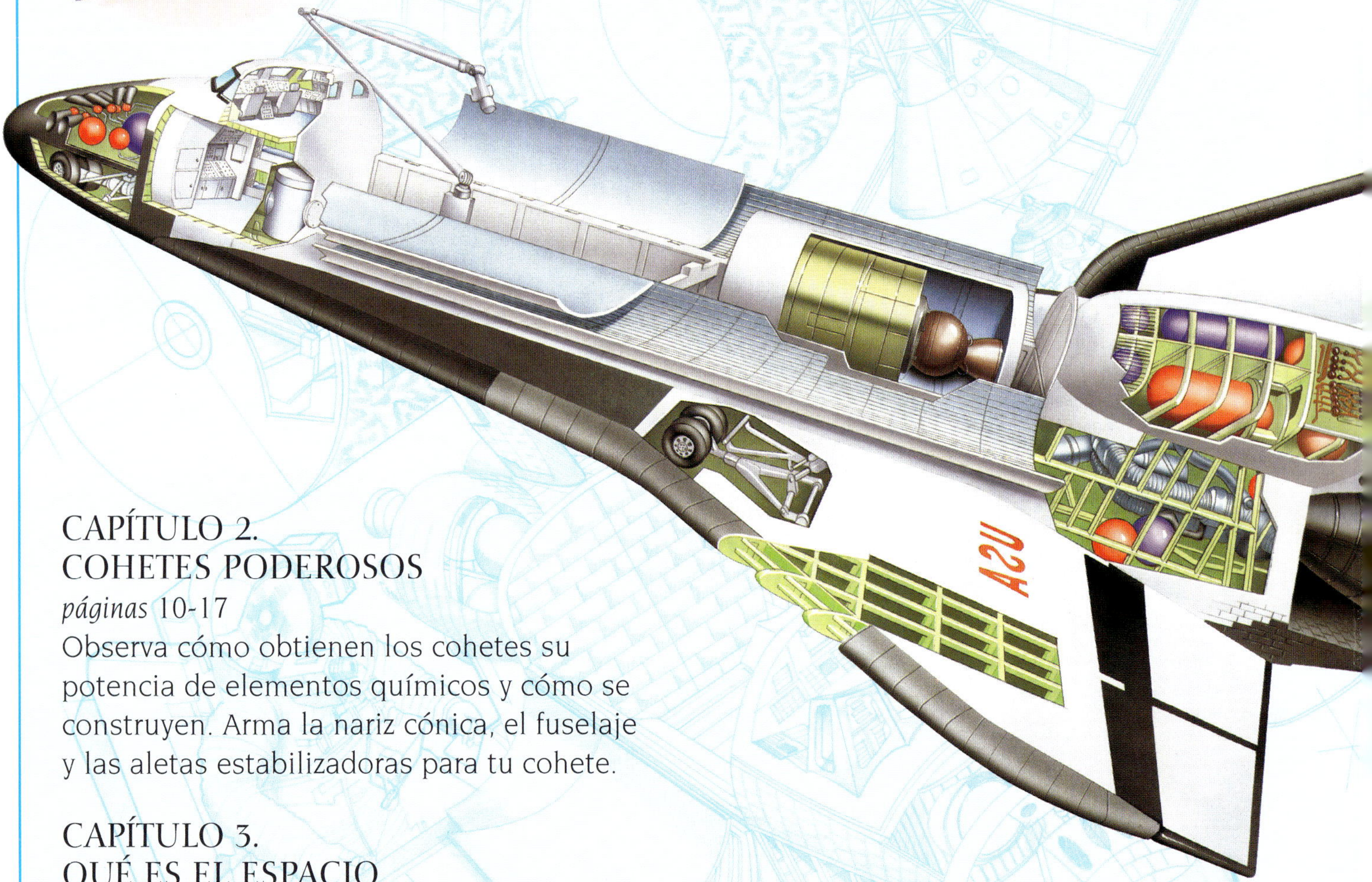

INTRODUCCIÓN

Los cohetes que llevan las naves al espacio son grandes y potentes. Aun así, funcionan con el mismo principio que los fuegos artificiales: su potencia la obtienen de un combustible en ignición. Cuando este se quema, los gases calientes salen por la parte trasera del cohete, para que el cohete se desplace hacia adelante.

Este libro te mostrará varias clases de cohetes y naves espaciales, además sabrás cómo viven los astronautas en el espacio. Algunos capítulos proponen un proyecto. Si los realizas todos, podrás construir un cohete que se eleve hasta el cielo.

Para realizar los proyectos necesitarás: una botella de plástico, cartulina, madera de balso, un bisturí, un taladro, tijeras, pegamento común y uno industrial fuerte (opcional: masilla epóxica), una regla, un lápiz, pintura a base de aceite, papel aluminio, un corcho, un globo de caucho, una aguja y una bomba de aire para bicicleta.

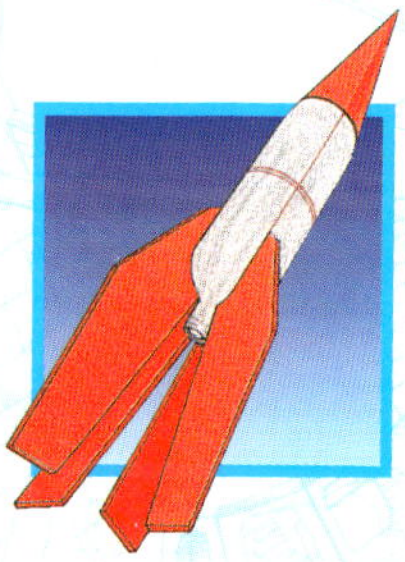

Proyectos de cohete

Proyectos científicos

Editor
Panamericana Editorial Ltda.

Dirección editorial
Conrado Zuluaga

Edición
Javier R. Mahecha López

Traducción
Alberto Holguín

Ilustraciones
Ian Thompson, Catherine Ward, Don Simpson, Simon Tegg, Graham White, Alex Pang, Francis Phillips, Simon Bishop y Richard Rockwood

Título original: *Rockets and other spacecraft*

Primera edición en Gran Bretaña por Aladdin Books Ltd., 2000

Primera edición en Panamericana Editorial Ltda., septiembre de 2008

Calle 12 No. 34-20. Tels.: (57 1) 3603077 – 2770100
Fax: (57 1) 2373805
Correo electrónico: panaedit@panamericana.com.co
www.panamericanaeditorial.com
Bogotá, D.C., Colombia
ISBN: 978-958-30-1862-6

Impreso por Panamericana Formas e Impresos S.A.
Calle 65 No. 95-28, Tels: (57 1) 4302110 – 4300355, Fax: (57 1) 2763008
Bogotá, D.C., Colombia
Quien sólo actúa como impresor.
Impreso en Colombia *Printed in Colombia*

Farndon, John
Cohetes y otras naves espaciales / John Farndon ; traductor Alberto Holguín ; ilustraciones Ian Thompson ... [et al.]. — Editor Javier R. Mahecha López. — Bogotá : Panamericana Editorial, 2008.
32 p. : il. ; 29 cm. — (Cómo funciona la ciencia)
ISBN 978-958-30-1862-6
Naves espaciales - Literatura juvenil 2. Cohetes - Literatura juvenil 3. Vuelo espacial - Literatura juvenil I. Holguín, Alberto, tr. II. Thompson, Ian, il. III. Mahecha López, Javier R., ed. IV. Tít.
V. Serie.
I629.47 cd 21 ed.
A1129597

CEP-Banco de la República-Biblioteca Luis Ángel Arango

LA CIENCIA EN EL ESPACIO

El combustible de los cohetes arde tan intensamente que estos tienen que construirse con materiales especiales. **Ver página 14.**

Se requieren grandes grupos de científicos para desarrollar la tecnología y enviar naves al espacio. Estos grupos deben construir cohetes tan poderosos que puedan elevar las naves venciendo la fuerza de atracción gravitacional de la Tierra.

Una vez en el espacio, algunas de las naves se controlan automáticamente desde la Tierra. Otras llevan tripulantes y deben construirse para transportarlos de manera segura.

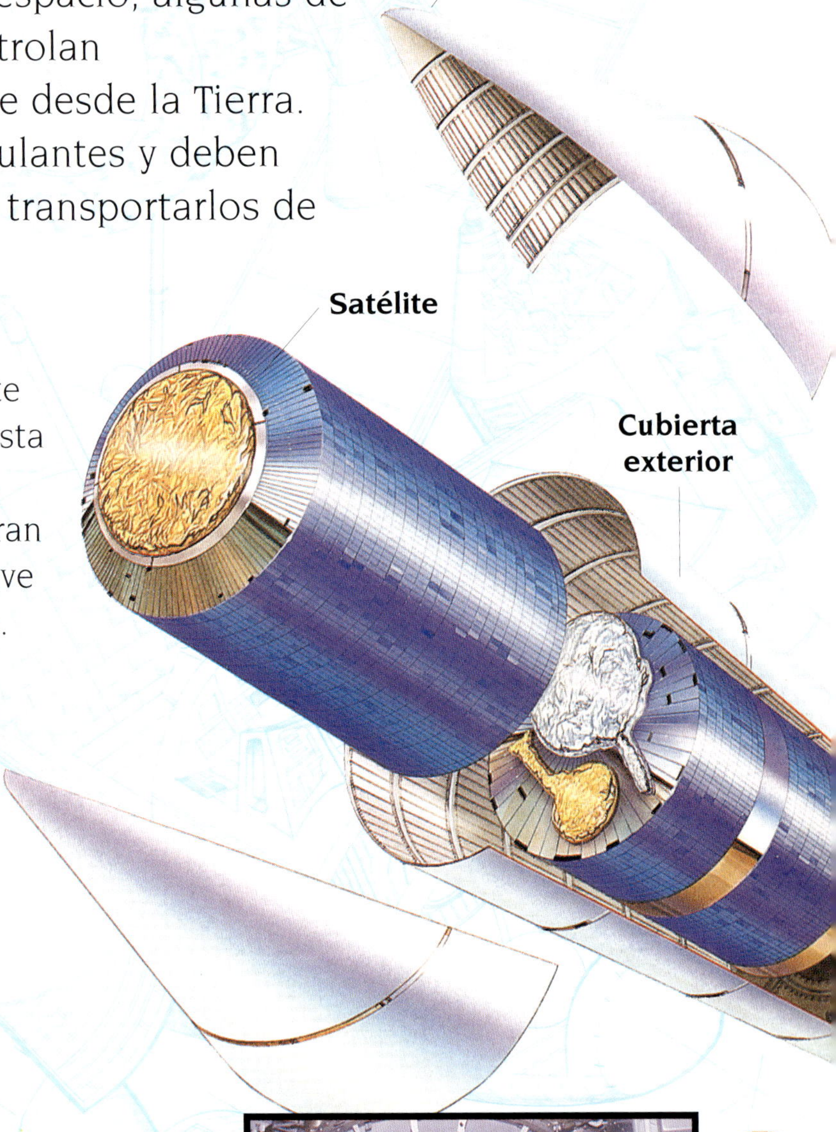

CONTROLES

En el espacio no se necesita un volante para dirigir la nave. En lugar de ello, esta es guiada por pequeños cohetes de empuje en sus costados, los cuales giran para darle un empujón a la nave en la dirección adecuada.

**Al transbordador se le conoce también con el nombre de lanzadera espacial.*

LA VIDA EN EL ESPACIO

Una vez en el espacio, la tripulación debe bastarse por sí misma. La nave tiene que suplir todas sus necesidades y protegerlos de los peligros de la radiación. En el espacio, la nave se encuentra libre de la atracción gravitacional, que es la que mantiene todas las cosas en el suelo. ¡Esto dificulta incluso tomar una ducha!

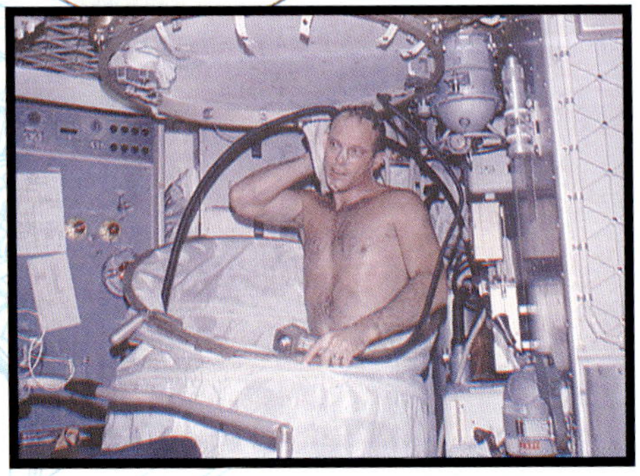

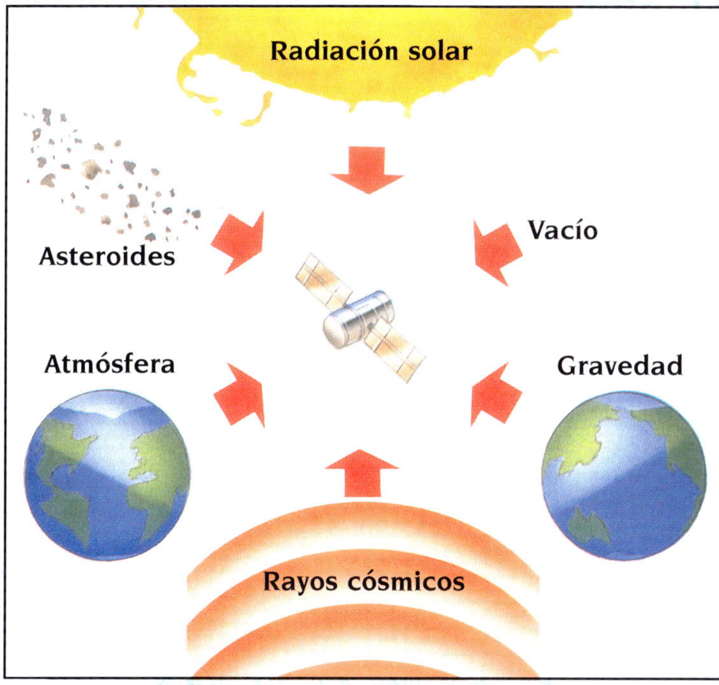

QUÉ ES EL ESPACIO

Los diseñadores de cohetes deben imaginarse cómo es el espacio. La gravedad y la atmósfera terrestres influyen en la nave cuando esta orbita, pero el vacío existente en el espacio también genera otros problemas.

Los rayos nocivos provenientes del Sol y del resto del universo pueden dañar una nave espacial; también pueden hacerlo los pequeños fragmentos flotantes de roca.

Venera

CONSTRUCCIÓN

La mayoría de los cohetes se parecen entre sí, pero la pequeña nave que llevan dentro varía. La Venera fue construida para ir a Venus. La sonda lunar se diseñó para un viaje no tripulado a la Luna. El módulo lunar fue concebido para llevar a los astronautas a la superficie lunar. Aprende más sobre naves espaciales en la página 22.

Sonda lunar

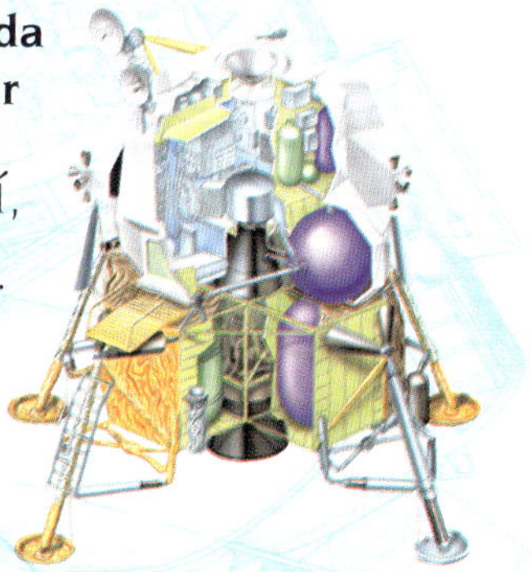

Tanques de combustible

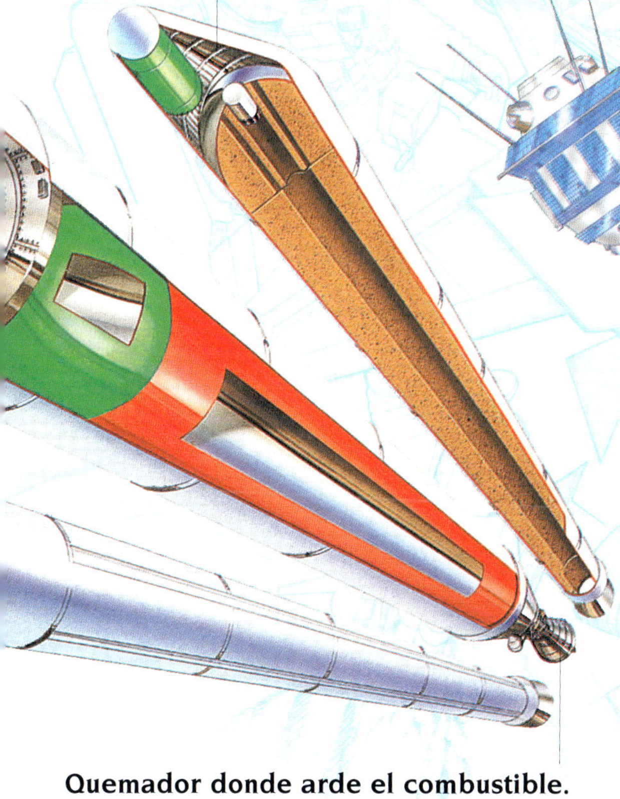

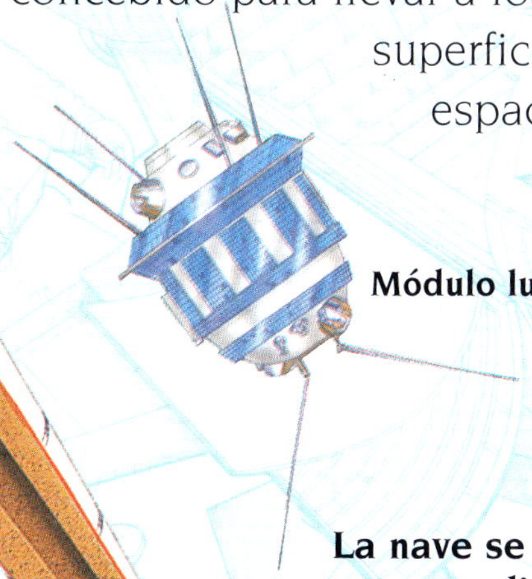

Módulo lunar

Quemador donde arde el combustible.

La nave se eleva tan pronto como se disparan los cohetes principales. Este es un momento peligroso; por eso, durante el conteo final y el despegue, el área de lanzamiento se mantiene completamente despejada. **En la página 10 hallarás más información sobre la potencia de un cohete.**

CAPÍTULO 1. EN EL ESPACIO

Una de las mayores dificultades que tiene que superar una nave espacial es abandonar la superficie. Para elevarse, una nave espacial debe vencer la gravedad, la fuerza de atracción que mantiene todos los objetos en la Tierra. Hasta ahora, la única manera que los científicos han descubierto para vencerla es usando enormes cohetes para impulsar la nave hacia arriba, en dirección opuesta a la gravedad.

¡Libre! Si se lanza un cohete con suficiente potencia, escapará de la fuerza de gravedad terrestre.

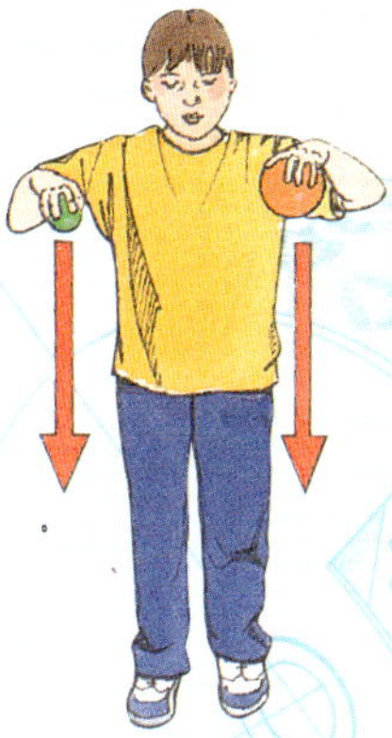

Cuando sostienes una toronja y una pelota de tenis (*arriba*), la diferencia de peso que percibes se debe a la acción de la fuerza gravitacional de la Tierra atrayendo sus dos diferentes masas.

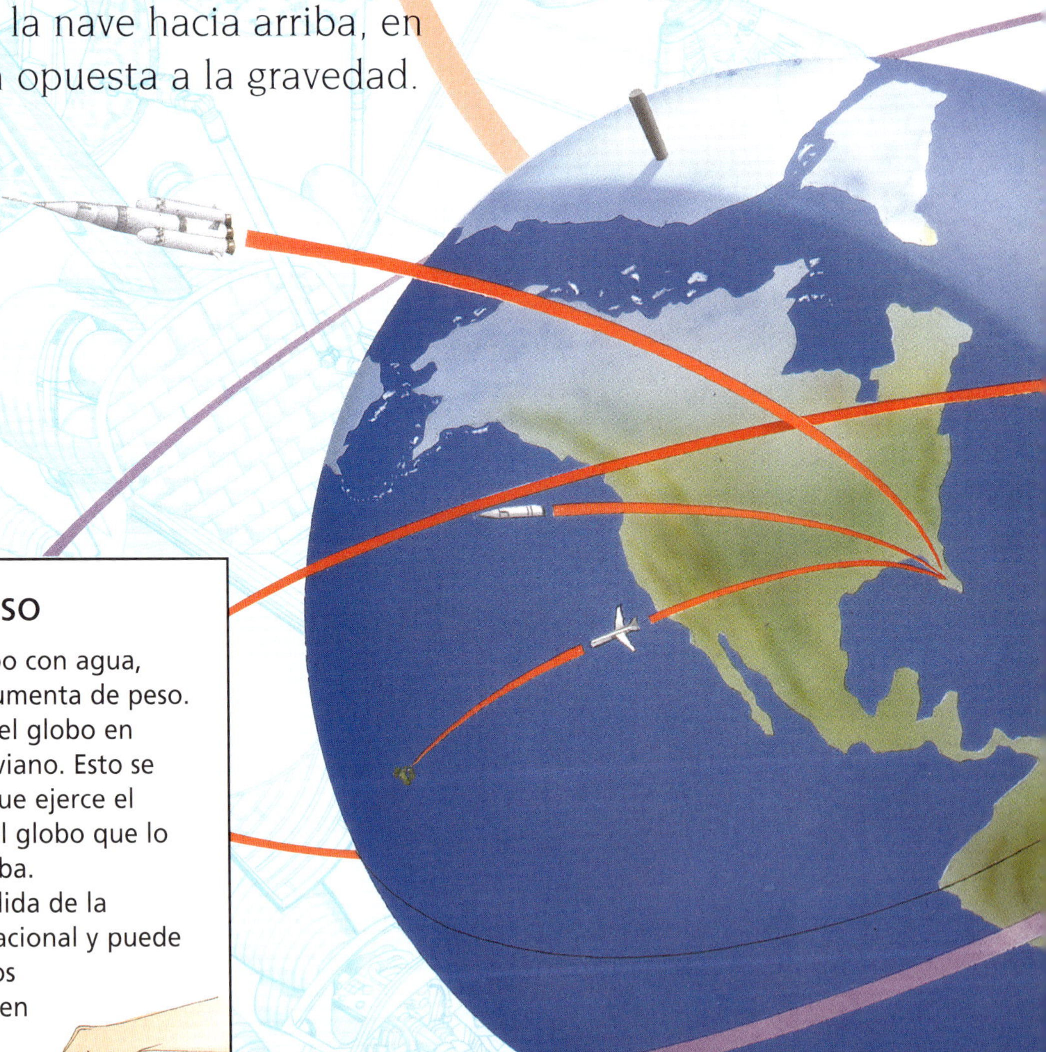

Los aviones sólo se elevan a una corta distancia de la superficie terrestre, y allí la atracción gravitacional es aún fuerte.

Masa y peso

Si llenas un globo con agua, notarás cómo aumenta de peso. Ahora sumerge el globo en agua: se siente más liviano. Esto se debe a la presión que ejerce el agua alrededor del globo que lo empuja hacia arriba.

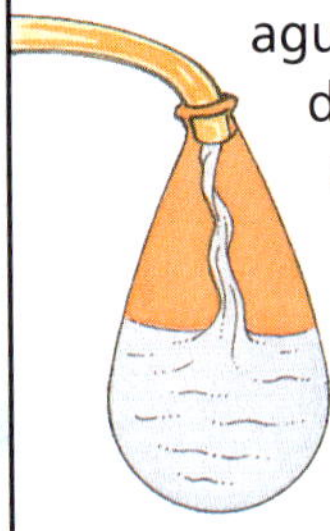

El peso es la medida de la atracción gravitacional y puede variar. Por eso los científicos prefieren hablar de masa. Esta es la cantidad de materia que contiene un objeto. Es la misma, sin importar en dónde se mida.

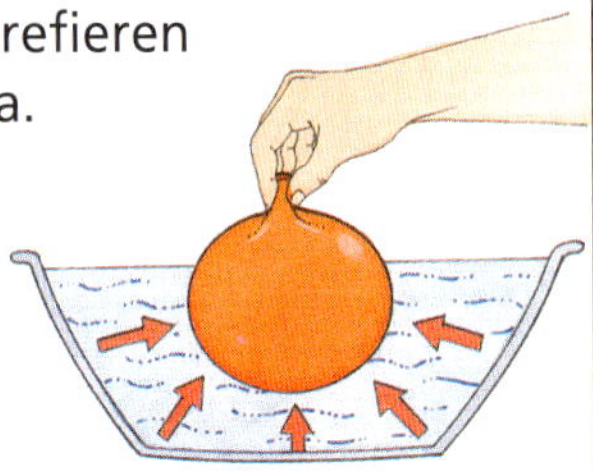

LA GRAVEDAD

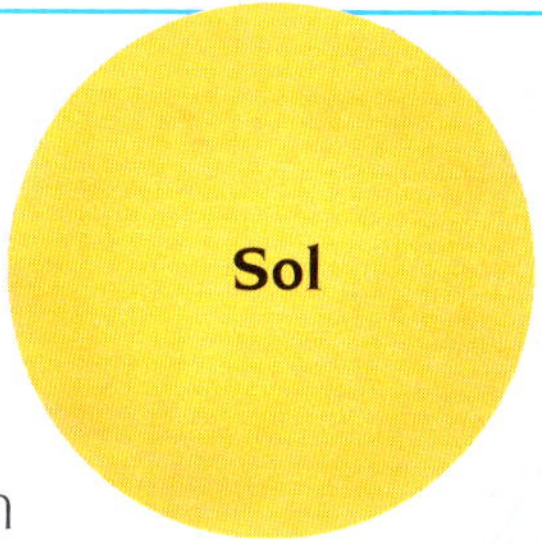

La gravedad no sólo mantiene los objetos sobre la superficie. Es la fuerza de atracción que existe entre cada fragmento de materia en el universo. Es la fuerza que hace que la Tierra y los otros planetas permanezcan cerca del Sol y sigan orbitando alrededor de este.

La Luna se mantiene en órbita (girando alrededor de la Tierra) porque la Luna y la Tierra se atraen por medio de sus fuerzas gravitacionales.

Los satélites se mantienen arriba porque se mueven muy rápido para no caer. Su velocidad equilibra la atracción de la gravedad terrestre.

A medida que se asciende, la gravedad se debilita; por tanto, un satélite que tenga una órbita baja tiene que viajar más rápido para mantenerse arriba.

PÉRDIDA DE PESO

Los astronautas, dentro de una nave espacial que orbita alrededor de la Tierra, flotan libremente como si no tuvieran peso alguno. Esto ocurre porque la nave se mueve tan rápido alrededor de la Tierra que genera otra fuerza llamada centrífuga que anula el efecto de la gravedad. Los astronautas se preparan para esta ausencia de peso volando en un avión que se deja caer tan rápido que los hace elevarse del suelo (*arriba*).

FUERZAS NECESARIAS

Los aviones usan la presión que ejerce el aire bajo sus alas para elevarse. Pero no hay aire tan lejos de la Tierra y las alas serían inútiles.

Por lo tanto, únicamente los cohetes deben generar el impulso o empuje necesario para vencer el peso de la nave espacial.

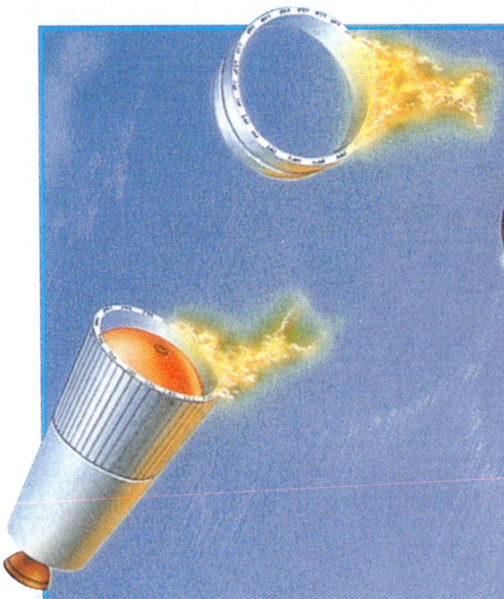

El científico británico Sir Isaac Newton (1642-1727) planteó muchas de las leyes de la inercia. El *momentum* hace que un cuerpo continúe moviéndose en línea recta, a menos que una fuerza externa actúe sobre él.

TIPOS DE ENERGÍA

Hay dos tipos de energía mecánica: energía potencial (EP), la almacenada y que está lista para utilizarse, como el combustible que no se ha quemado en un cohete, y la energía cinética (EC) que un objeto posee debido a su movimiento, como un cohete viajando por el espacio.

LA PRIMERA LEY DE NEWTON

La primera ley de Newton dice que para que un objeto vaya más rápido o más despacio, se necesita una fuerza. Esto se debe a que su *momentum* hace que se siga moviendo a la misma velocidad y en la misma dirección. Si un astronauta se apoya en su nave y se impulsa para alejarse, podría vagar para siempre en el espacio al no encontrar nada que lo detenga.

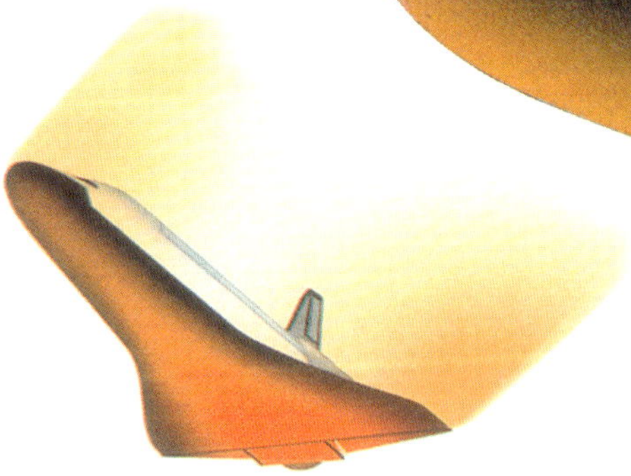

Las naves que regresan a la Tierra viajan realmente rápido, pero la fricción del aire disminuye su velocidad. Por eso se calientan tanto.

VIAJAR EN EL ESPACIO

Moverse en el espacio es distinto a moverse sobre la tierra. Cuando un automóvil se desplaza, sus ruedas se desplazan sobre el suelo en la dirección opuesta. Al dejar de ejercer este desplazamiento, la fricción disminuye la velocidad del auto. En el vacío del espacio, no hay nada que pueda detener una nave en movimiento, ni nada sobre qué ejercer fuerza alguna. Ni siquiera aire. Entonces, ¿cómo se desplaza una nave espacial?

Las estaciones espaciales requieren poca potencia para mantenerse en órbita; debido a la gran velocidad con la que se mueven en el espacio, llevan un gran impulso (*momentum*).

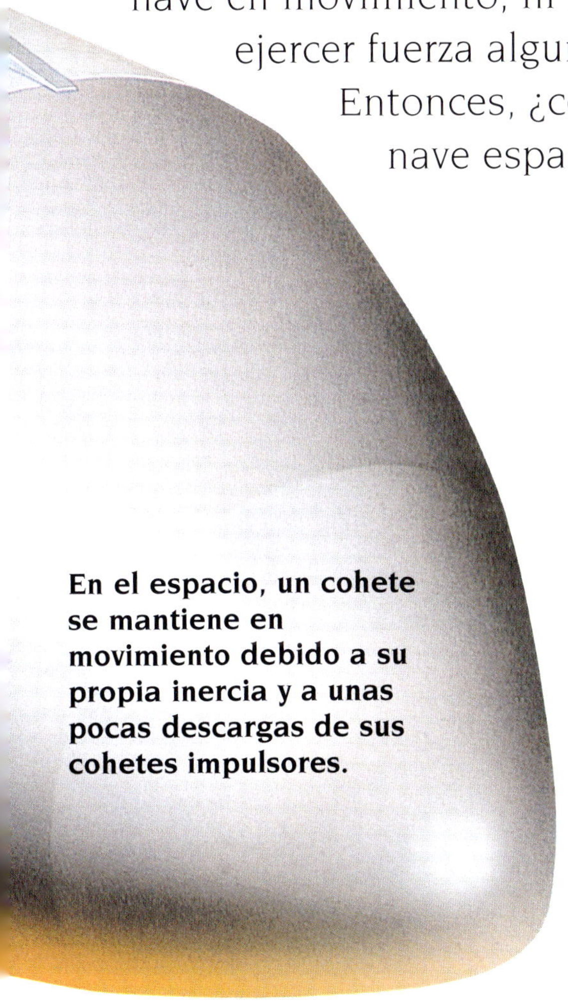

En el espacio, un cohete se mantiene en movimiento debido a su propia inercia y a unas pocas descargas de sus cohetes impulsores.

El secreto de los viajes al espacio

No se puede empujar a menos que haya algo contra qué ejercer fuerza. La tercera ley de Newton dice que cuando hay una fuerza, aparece otra actuando en la dirección opuesta. Si tienes un par de patines y arrojas una pelota, vas a desplazarte un poco hacia atrás como respuesta al movimiento de la pelota hacia adelante. Los cohetes se desplazan de la misma forma en el espacio.
Mientras que el combustible quemado escapa por la parte trasera del cohete, este produce una reacción igual y opuesta que lo impulsa hacia adelante. Cuando un astronauta abre una escotilla en el espacio, su cuerpo reacciona girando en la dirección opuesta.

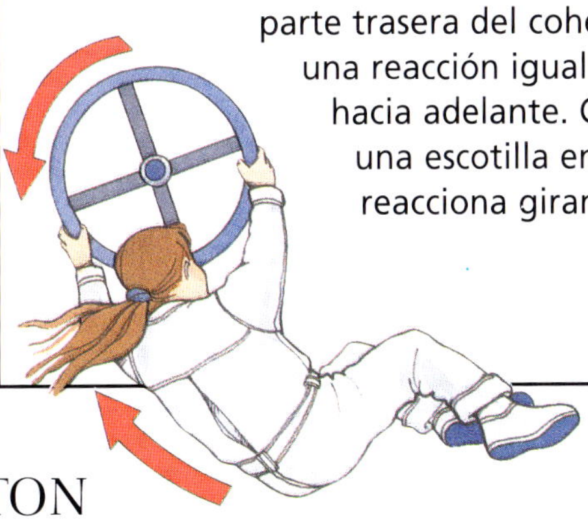

LA SEGUNDA LEY DE NEWTON

El aumento o disminución de la velocidad de un objeto —aceleración— sólo depende de qué tan grande sea la fuerza y de qué tan pesado sea el objeto. Cuanto más pesado sea un cohete, más fuerza necesitará para viajar al espacio. Un carro grande es más difícil de mover que uno pequeño.

CAPÍTULO 2. COHETES PODEROSOS

Infla un globo y suéltalo. Saldrá disparado en la dirección opuesta al aire que escapa de él. Los cohetes funcionan casi del mismo modo.

Algunos cohetes, como los de propulsión, queman combustible sólido, pero la mayoría se alimentan de combustible líquido. Este se quema sólo en presencia de oxígeno, pero no hay oxígeno a tal distancia de la superficie terrestre.

Por eso, el cohete lleva también un químico que proporciona el oxígeno (oxidante). El combustible y el oxidante se mezclan en la cámara de combustión, donde una chispa (llamada chispa de encendido) los hace arder.

Despegue del Ariane V

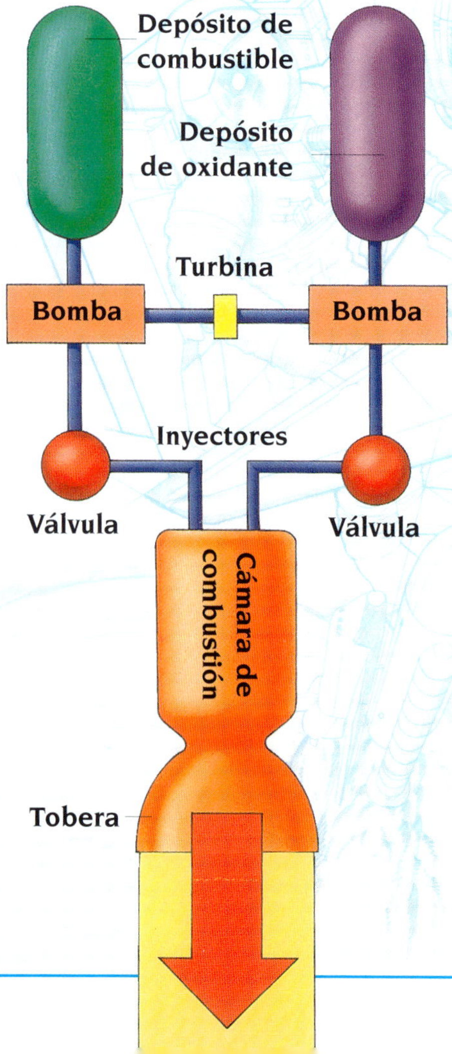

COHETES DE COMBUSTIBLE LÍQUIDO

Los cohetes usan distintos tipos de combustible. Un transbordador usa hidrógeno líquido; el Saturno V empleaba queroseno. La mayoría de combustibles líquidos se bombean dentro de la cámara de combustión con un oxidante como el oxígeno líquido (o LOX, por su nombre en inglés). Allí ambos se queman para producir un chorro de gas de alta presión que pasa rugiendo a través de una pequeña tobera a unos 15 000 km/h.

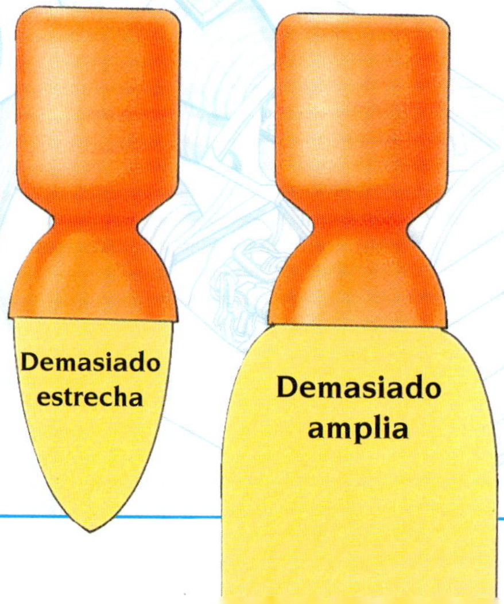

El diseño de la tobera hace que los gases escapen con la máxima velocidad y la máxima presión.

Durante los primeros minutos de vuelo a la velocidad del cohete se opone la gravedad, y al acelerar, la fricción del aire. A medida que la nave asciende, ambas disminuyen.

Mientras se quema el combustible, el cohete se hace más liviano. Una vez en el espacio, sólo necesita una pequeña cantidad de combustible para seguir navegando.

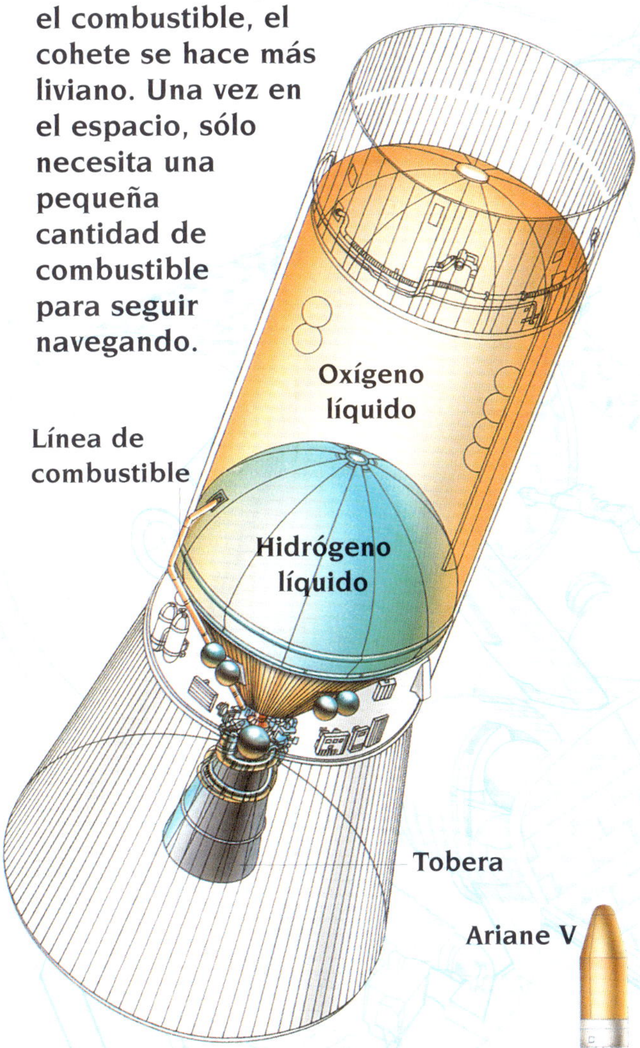

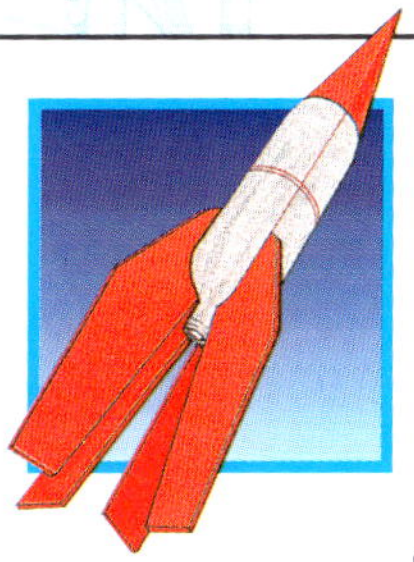

COHETE A ESCALA

PASO 1

Se requiere la asesoría de un adulto

TOBERA

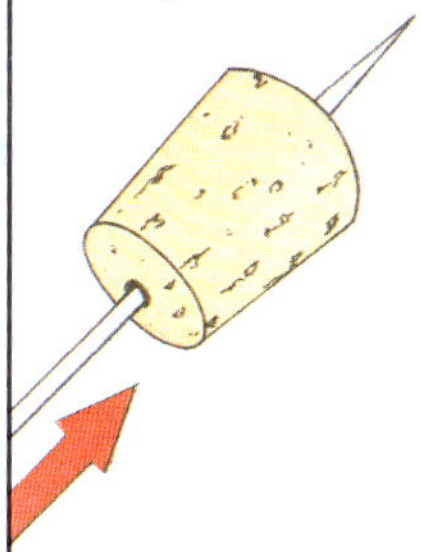

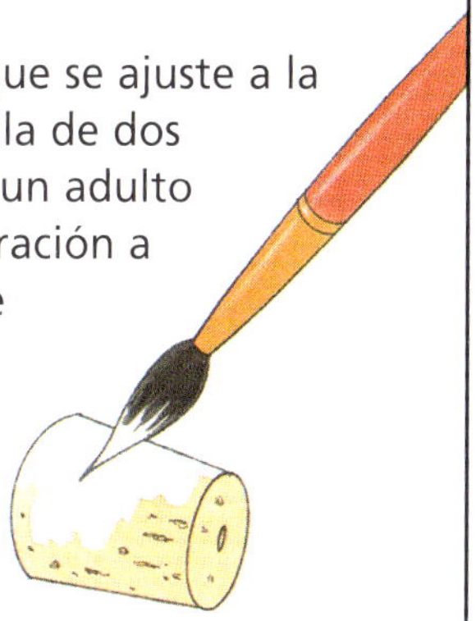

1 Busca un corcho que se ajuste a la boca de una botella de dos litros. Pídele ayuda a un adulto para hacer una perforación a lo largo del mismo de manera que pueda pasarse una aguja a través del corcho.

2 Cubre la superficie del corcho aplicando pegante. Evita cubrir la perforación con el pegante.

3 Cuando el pegante se seque, introduce una aguja por la perforación hecha en el corcho. Emplea el mismo tipo de válvulas que se utilizan para inflar balones de fútbol o baloncesto.

ARIANE V

El combustible de un cohete se quema muy rápido, y la mayoría de cohetes tienen combustible tan solo para unos minutos. El motor principal del cohete Ariane V (en la página 10) permanece encendido durante 10 minutos. En este tiempo consume 158 toneladas de combustible.

UNIDADES TRIPULADAS DE DESPLAZAMIENTO *(MMU, MANNED MANOEUVRING UNITS)*

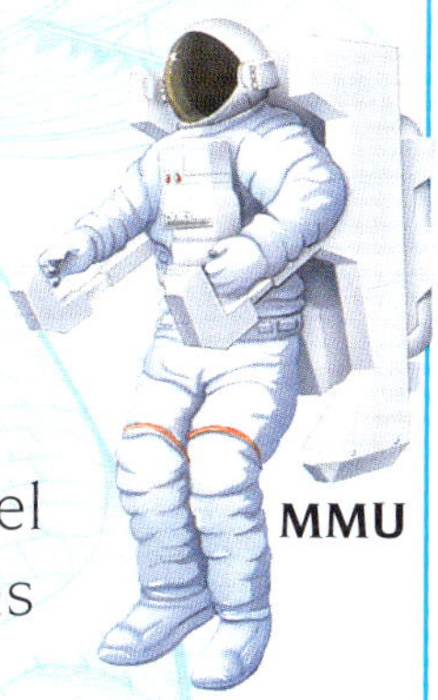

No se necesita quemar combustible para desplazarse en el espacio. La salida de cualquier gas por una tobera proporciona el empuje para ir en la dirección opuesta.

Las MMU que los astronautas llevan en sus espaldas para las caminatas espaciales emplean para este fin un flujo de gas de nitrógeno.

Las toberas apuntan en diferentes direcciones (*derecha*) moviendo la MMU y llevando al astronauta en la dirección que desee.

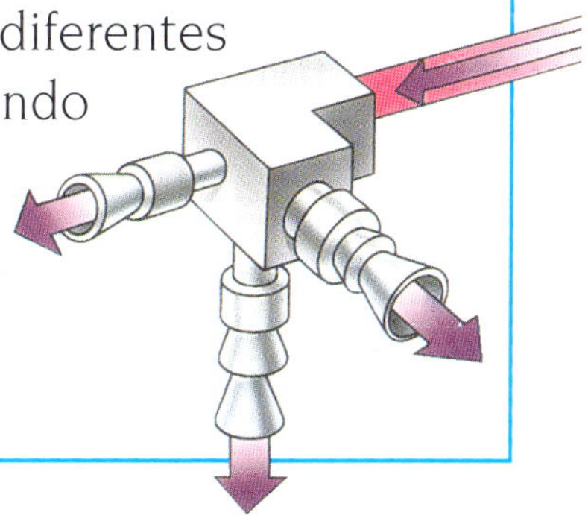

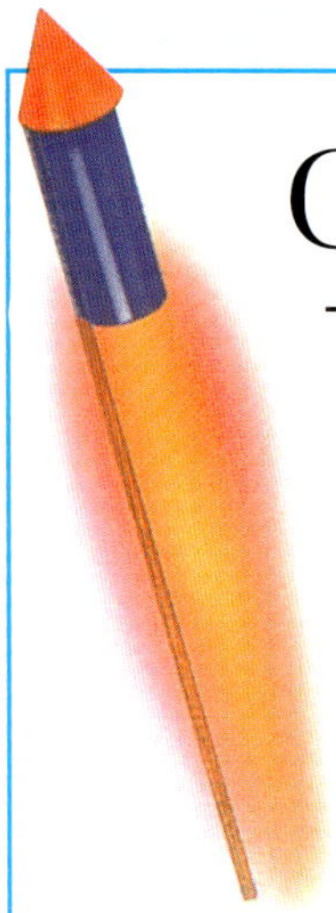

OTROS TIPOS DE COHETES

El combustible líquido pesa mucho y es altamente explosivo. Por eso, los ingenieros espaciales han experimentado con otro tipo de motores.

Ya están usándose cohetes de combustible sólido. Pero los científicos siguen probando nuevas ideas, como los motores NERVA (*abajo*). Estos inyectan hidrógeno a alta presión en un reactor nuclear. Así se crea una turbina de gran potencia que impulsa el cohete hacia el espacio.

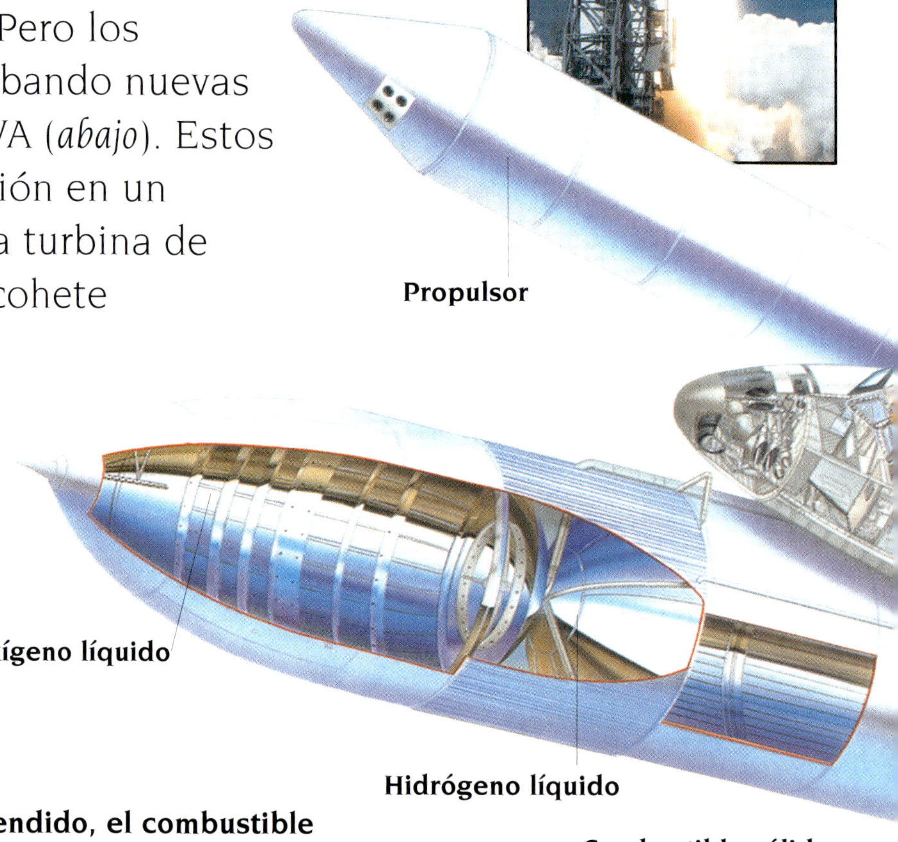

MOTOR NERVA

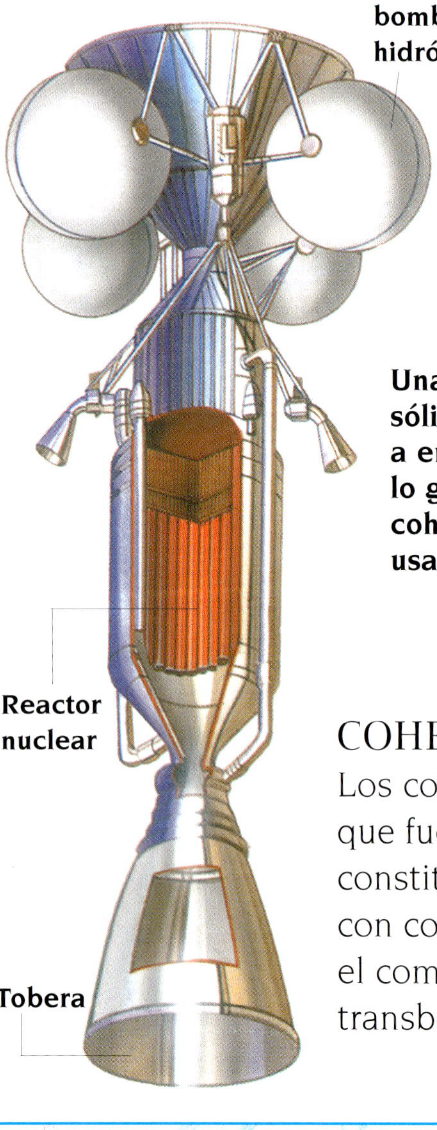

Una vez encendido, el combustible sólido no puede apagarse o volverse a encender, por lo que se utiliza por lo general en misiones cortas o para cohetes de propulsión pequeños usados para cambiar de dirección.

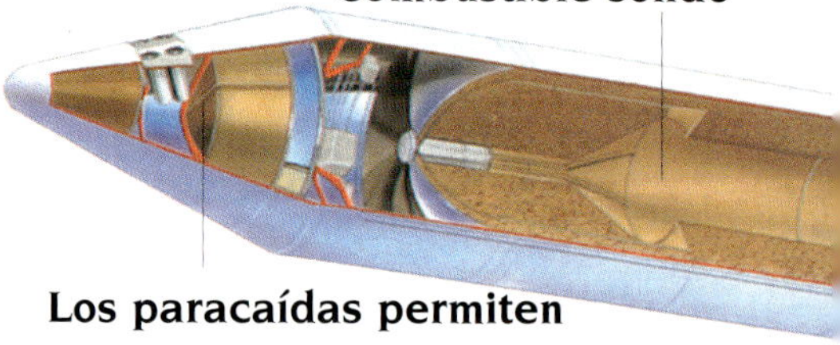

COHETES DE COMBUSTIBLE SÓLIDO

Los cohetes alimentados con combustible sólido son tan antiguos que fueron empleados por los chinos hace casi mil años; están constituidos básicamente por dos partes: la mitad superior con combustible sólido y un tubo en la mitad inferior. Cuando el combustible se enciende, arde y sale por el tubo. En un transbordador, el combustible dura aproximadamente dos minutos.

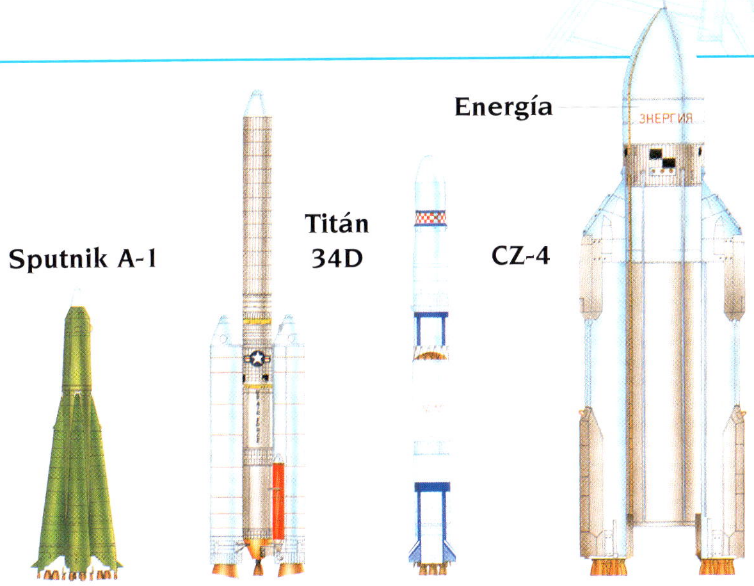

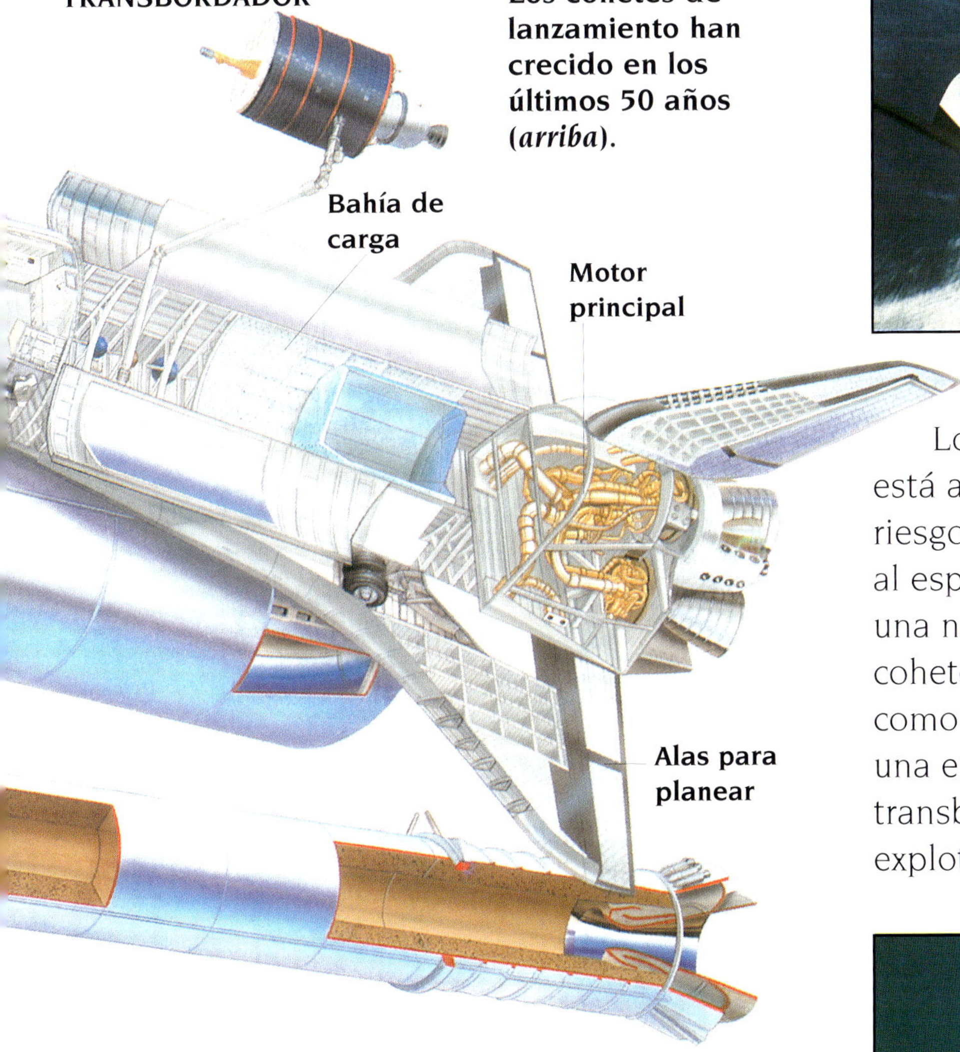

Los cohetes de lanzamiento han crecido en los últimos 50 años (*arriba*).

El transbordador es una de las pocas naves que emplea cohetes de combustible sólido para impulsarse hacia el espacio; tiene dos propulsores de combustible (SRB: Solid Rocket Boosters) y tres motores principales, cada uno alimentado con combustible líquido proveniente de un gran tanque desmontable.

EL TRANSBORDADOR DEL FUTURO

Si el Venture Star (*abajo*) es un éxito, los viajes al espacio podrían llegar a ser tan comunes como viajar en avión. Con su motor lineal de aerofrenado —constituido por cohetes dispuestos en filas— el Venture Star podría despegar y aterrizar una y otra vez como un avión.

PELIGRO: ¡EXPLOSIVOS!

Los científicos hacen todo lo que está a su alcance para reducir el riesgo de accidentes, pero los viajes al espacio son arriesgados. Cuando una nave espacial despega usando cohetes de combustible líquido, es como si se estuviera viajando sobre una enorme bomba. En 1986, El transbordador Challenger (*abajo*) explotó en su ascenso.

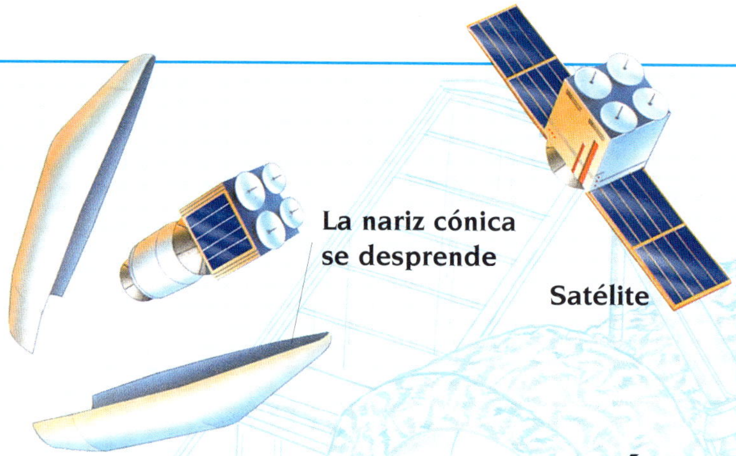

La mayoría de los satélites necesitan protección para soportar la fuerza de gravedad durante el despegue. Algunos son introducidos en la nariz cónica del cohete durante el despegue; esta se desprende como ocurre con los propulsores (*izquierda*).

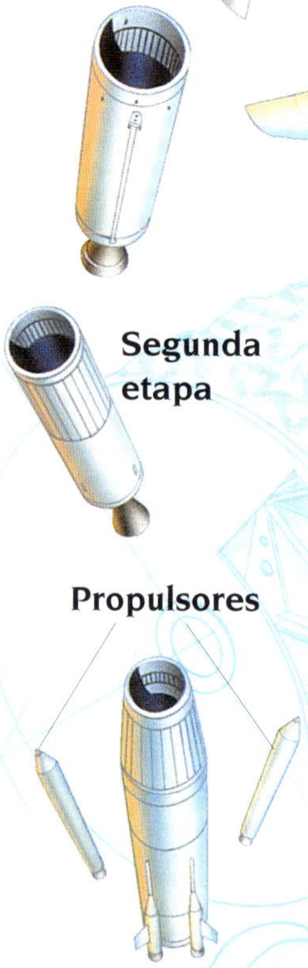

CONSTRUCCIÓN

Un cohete debe ser increíblemente resistente para soportar la cantidad de energía que requiere para estar en órbita. La cámara de combustión de un cohete de combustible sólido alcanza temperaturas por encima de los 3000 °C. Aun así, un cohete también necesita ser liviano. Por eso los ingenieros construyen los cohetes con materiales resistentes y livianos como el titanio.

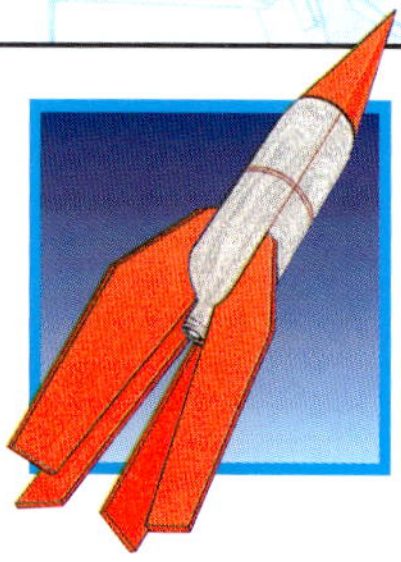

COHETE A ESCALA

PASO 2

FUSELAJE Y ALETAS

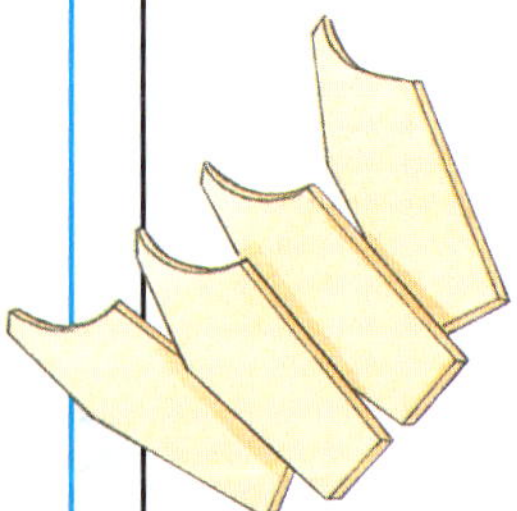

1 Usa las guías que aparece en las guardas del libro como molde para elaborar una aleta de balso. Después, pídele ayuda a un adulto para cortar cuatro aletas iguales con un bisturí.

2 Pega las aletas en un extremo de la botella de plástico de manera que formen una cruz; usa pegamento industrial (*derecha*).

ETAPAS DE PROPULSIÓN

La cantidad de combustible requerido para lanzar naves espaciales es tan grande que la mayoría de los cohetes son enormes tanques de combustible. Cuando la nave espacial ha escapado de la fuerza de gravedad ya no se necesita toda esa cantidad de combustible. Por eso los cohetes se diseñan por secciones que van desprendiéndose a medida que la nave asciende y el combustible va consumiéndose.

LIVIANO PERO RESISTENTE

Los cohetes se construyen como si fueran gigantescas latas de gaseosa. Es fácil deformar una lata haciendo presión sobre su costado. Pero es difícil deformarla haciendo presión sobre sus extremos. Esto ocurre porque el anillo rígido de cada extremo reparte la carga que le aplicas a lo largo de la lata. Por la misma razón, los cohetes son livianos y resistentes.

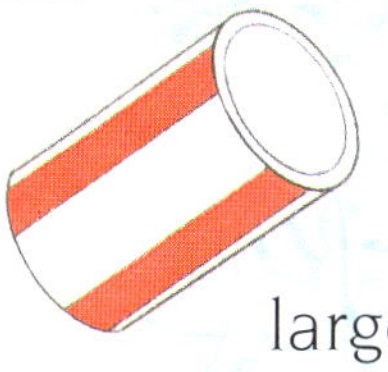

Las estaciones espaciales son demasiado grandes para ser lanzadas desde la Tierra; por ello, se arman en el espacio, parte por parte, por los astronautas (*arriba*).

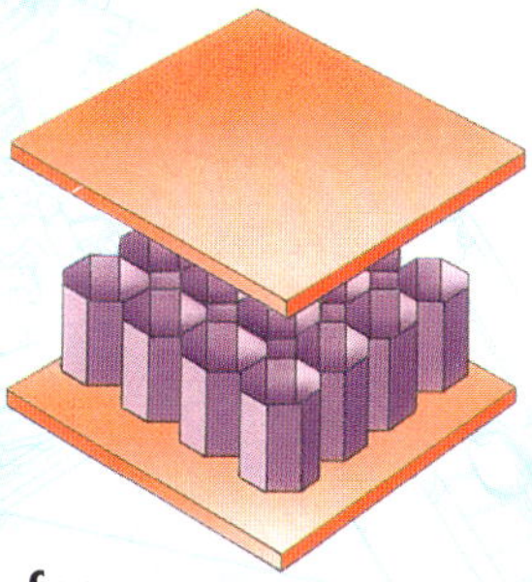

Los lados de algunos cohetes no son placas gruesas de metal sino dos láminas delgadas separadas por un panel en forma de colmena constituido por pequeñas cajas metálicas (*derecha*). Esto hace que la estructura sea liviana y resistente a la vez.

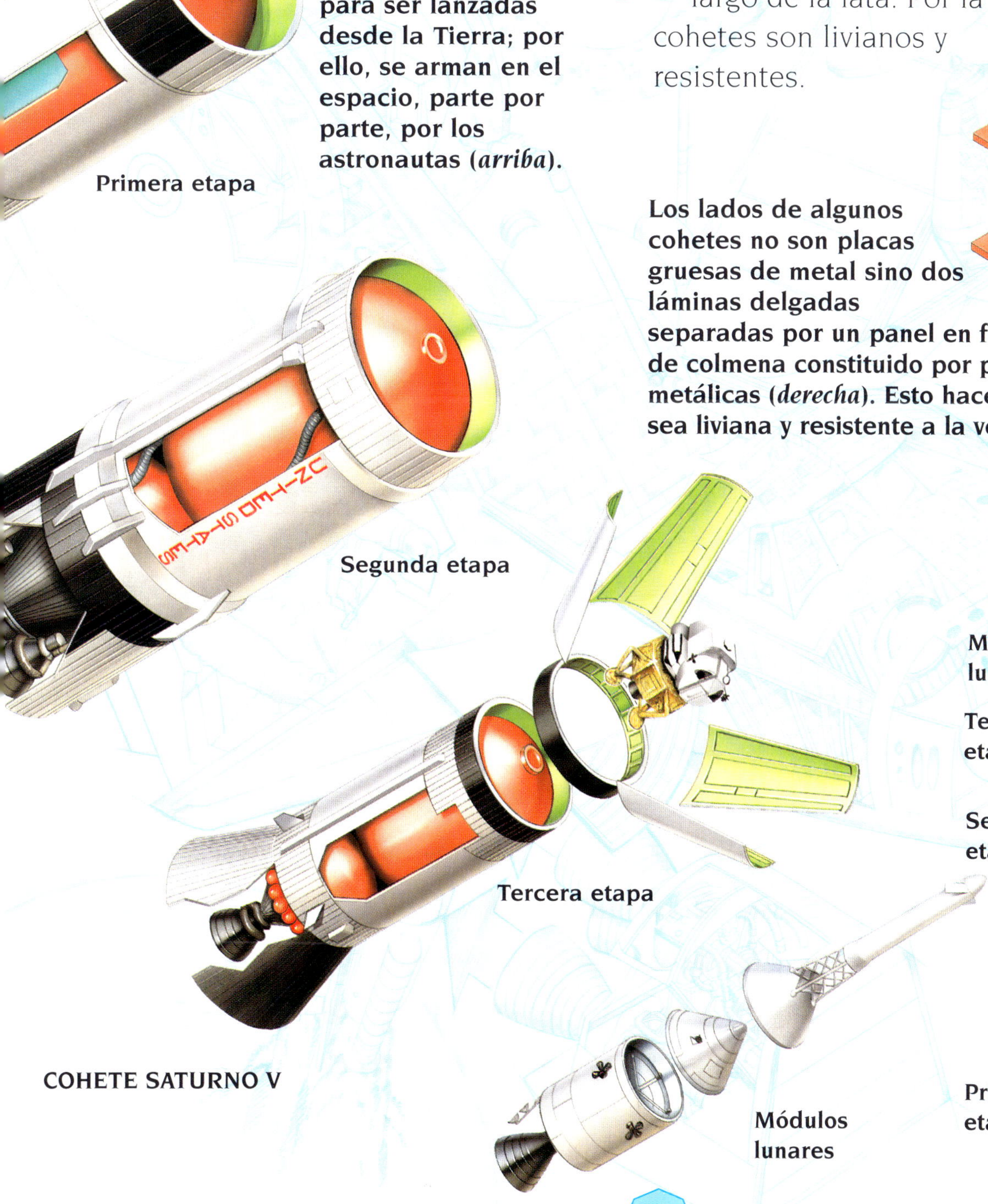

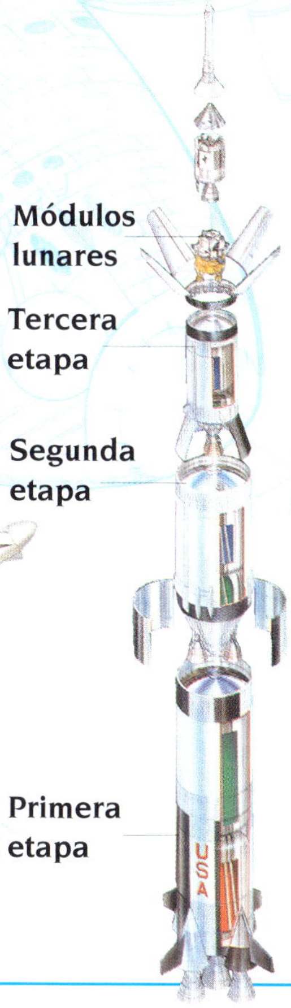

LAS FORMAS EN EL ESPACIO

En la Tierra, la fricción entre el aire y la superficie del vehículo produce resistencia al avance. Esta fuerza detiene el vehículo. Afuera, en el espacio, no hay aire y no importa la forma que tenga una nave espacial. Las sondas (*derecha*) tienen formas extrañas, con elementos que salen de todas partes.

La sonda Vikingo (*abajo*) fue enviada a Marte a buscar señales de vida.

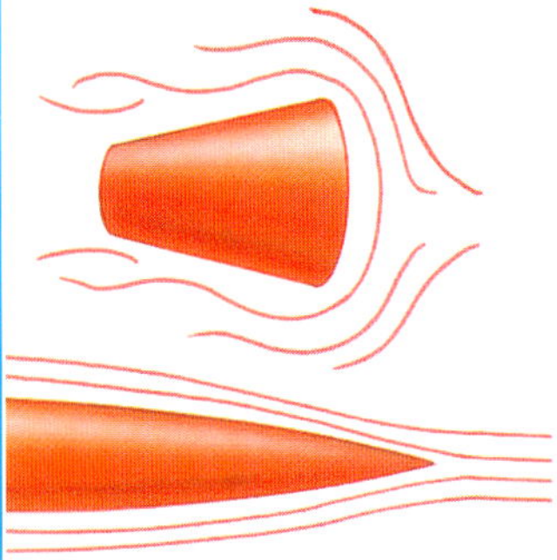

Las naves espaciales que regresan a la Tierra lo hacen sobre su extremo plano para que el aire haga las veces de freno.

Los cohetes tienen una nariz puntiaguda para cortar el aire.

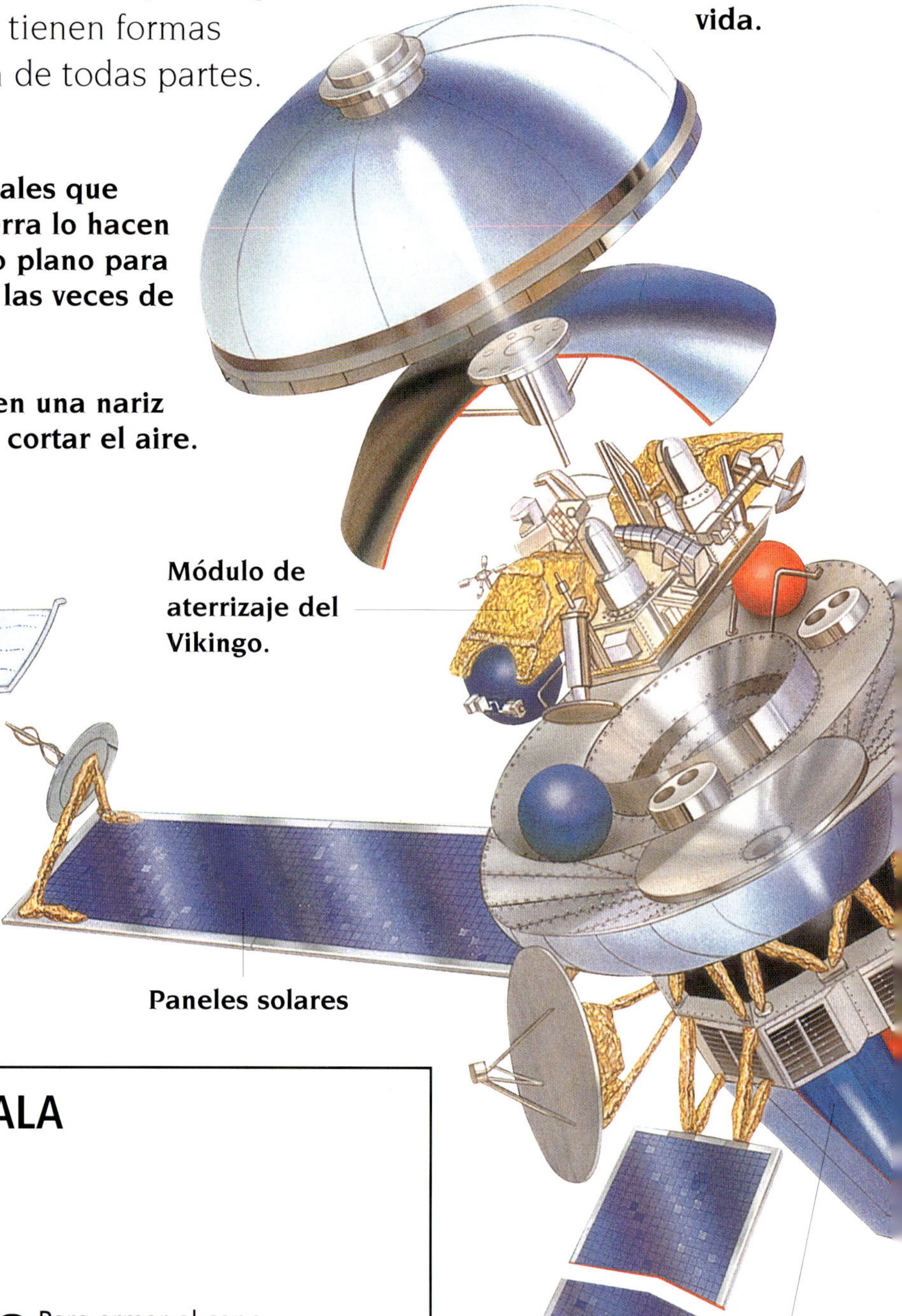

Módulo de aterrizaje del Vikingo

Paneles solares

Tanques de combustible

Los paneles solares atrapan los rayos del Sol para darle energía a la sonda.

RESISTENCIA AL AVANCE

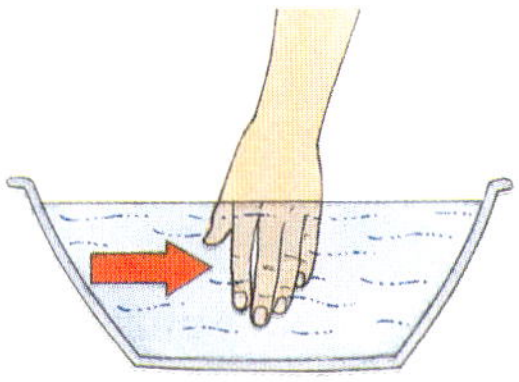

La resistencia al avance es la fuerza que hace que los objetos se muevan más despacio cuando pasan a través de un gas o un líquido. Puedes sentir el efecto de la resistencia al avance arrastrando tu mano en un recipiente con agua.

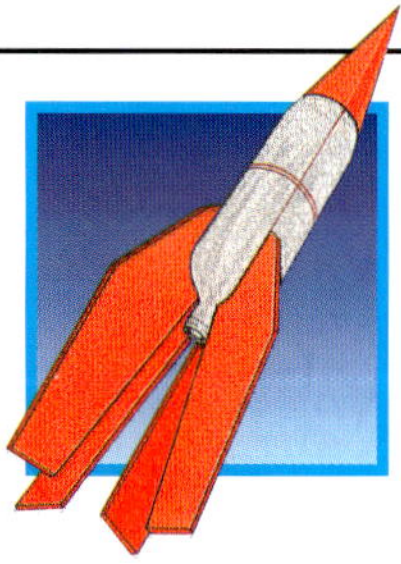

COHETE A ESCALA

PASO 3

LA NARIZ

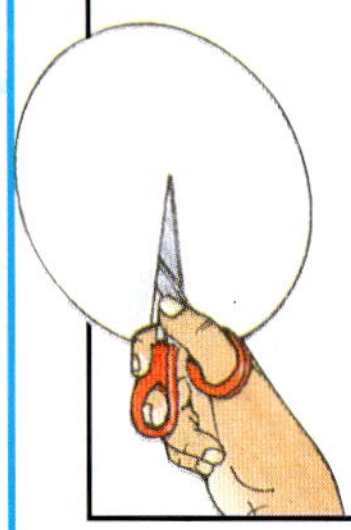

1 Haz la nariz con un trozo de cartulina sacado del molde que encuentras en las guardas de este libro.

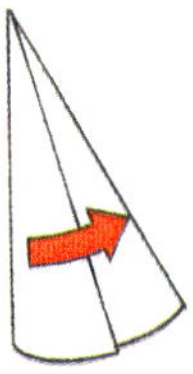

2 Para armar el cono, pega los bordes rectos uno sobre el otro dándole forma a la nariz cónica.

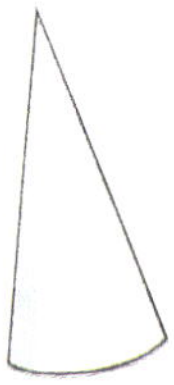

3 Luego adhiere la nariz cónica a la base de la botella (la punta del cohete).

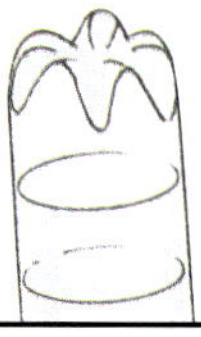

CARGA EFECTIVA

En el momento del despegue de una nave espacial, la mayor parte de su peso se debe al combustible y a los tanques de combustible. El transbordador pesa solamente 75 toneladas, pero el peso total de los tanques de combustible, los cohetes y el combustible necesario para llevarlo al espacio es de 2000 toneladas. El peso total que un transbordador puede llevar en su bahía de carga es de sólo 30 toneladas.

a
b
c

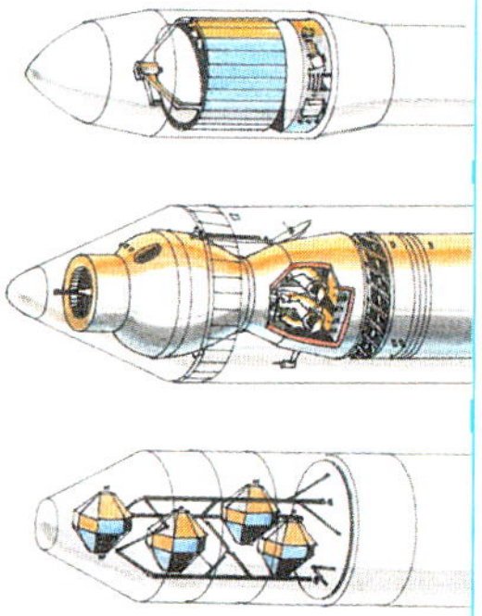

La carga efectiva es todo lo que el transbordador lleva al espacio como sonda (*arriba*):
a) nave espacial no tripulada
b) misión tripulada
c) satélites

EL REINGRESO

Si el viento sopla muy fuerte puedes sentir pinchazos en tu rostro. Pero imagina la fuerza cuando un transbordador reingresa en la atmósfera terrestre a una velocidad de más de 20 000 km/h. La fricción con el aire hace que el transbordador se caliente demasiado. Por eso, su nariz y su parte inferior están revestidas con piezas de cerámica resistentes al calor.

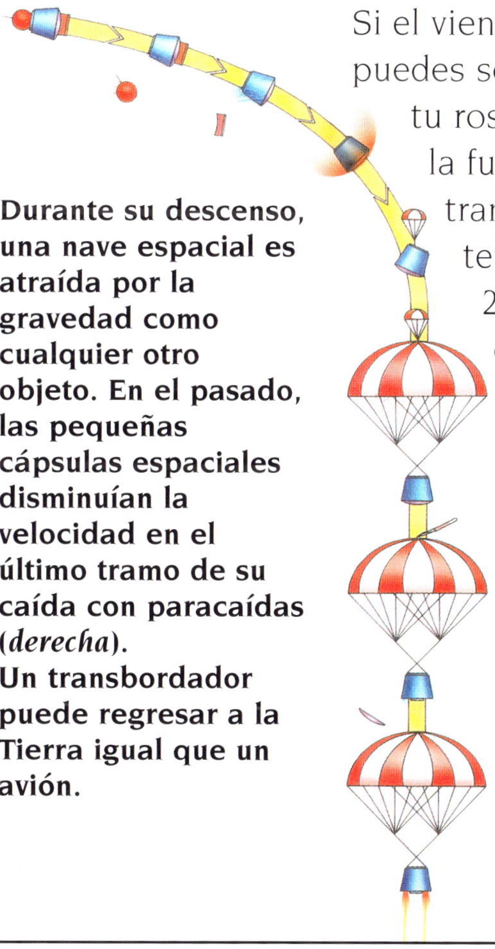

Durante su descenso, una nave espacial es atraída por la gravedad como cualquier otro objeto. En el pasado, las pequeñas cápsulas espaciales disminuían la velocidad en el último tramo de su caída con paracaídas (*derecha*). Un transbordador puede regresar a la Tierra igual que un avión.

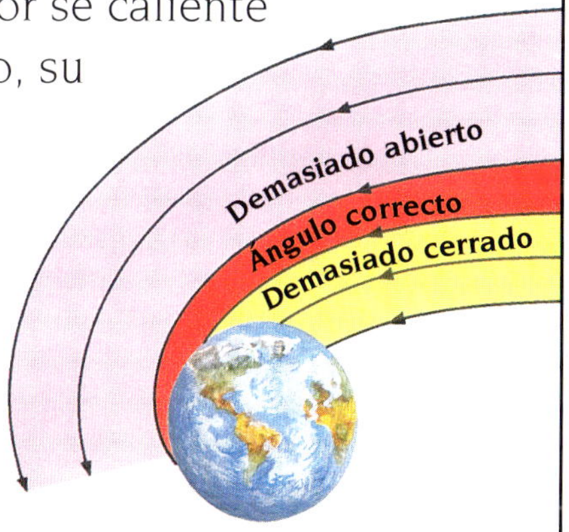

Un transbordador tiene que reingresar en la atmósfera con un ángulo preciso. Si entra por encima, rebotará en la atmósfera; si ingresa por debajo, se quemará.

CAPÍTULO 3. QUÉ ES EL ESPACIO

Cuanto más alto asciendas, más delgada será la atmósfera terrestre. Cuando esta se desvanezca, más o menos por encima de los 900 kilómetros, estarás en el espacio.

El espacio es ese oscuro y negro vacío que se encuentra entre los planetas y las estrellas. En él ni siquiera hay aire para respirar. Además está permanentemente surcado por peligrosos rayos provenientes del Sol y de otras estrellas.

¡Aire!

Una parte del aire es oxígeno, el gas que la mayoría de objetos, incluyendo el combustible de cohetes, necesitan quemar. Pero en el espacio no hay oxígeno (ni algún otro gas). Para ver qué sucede cuando se consume todo el oxígeno, realiza este experimento con la ayuda de un adulto.

1 Pon una vela en un recipiente con agua. El agua garantiza que no llegue aire adicional a la flama.

2 Enciende la vela y cúbrela con un recipiente de vidrio. La llama se apagará después de un rato. Esto ocurre porque consume casi todo el oxígeno que hay en el recipiente de vidrio.

DÓNDE COMIENZA

Es difícil decir dónde termina la atmósfera y dónde comienza el espacio. Para los astronautas, el espacio comienza a 130 kilómetros de la superficie terrestre, la altura mínima a la que una nave espacial puede permanecer en órbita. En la Tierra, te tomaría más o menos una hora recorrer esta distancia en automóvil, pues el espacio no está tan apartado de la superficie de nuestro planeta.

La atmósfera se desvanece en el espacio vacío y se convierte en una región llamada exosfera. Esta se encuentra a unos 775 kilómetros de la superficie terrestre.

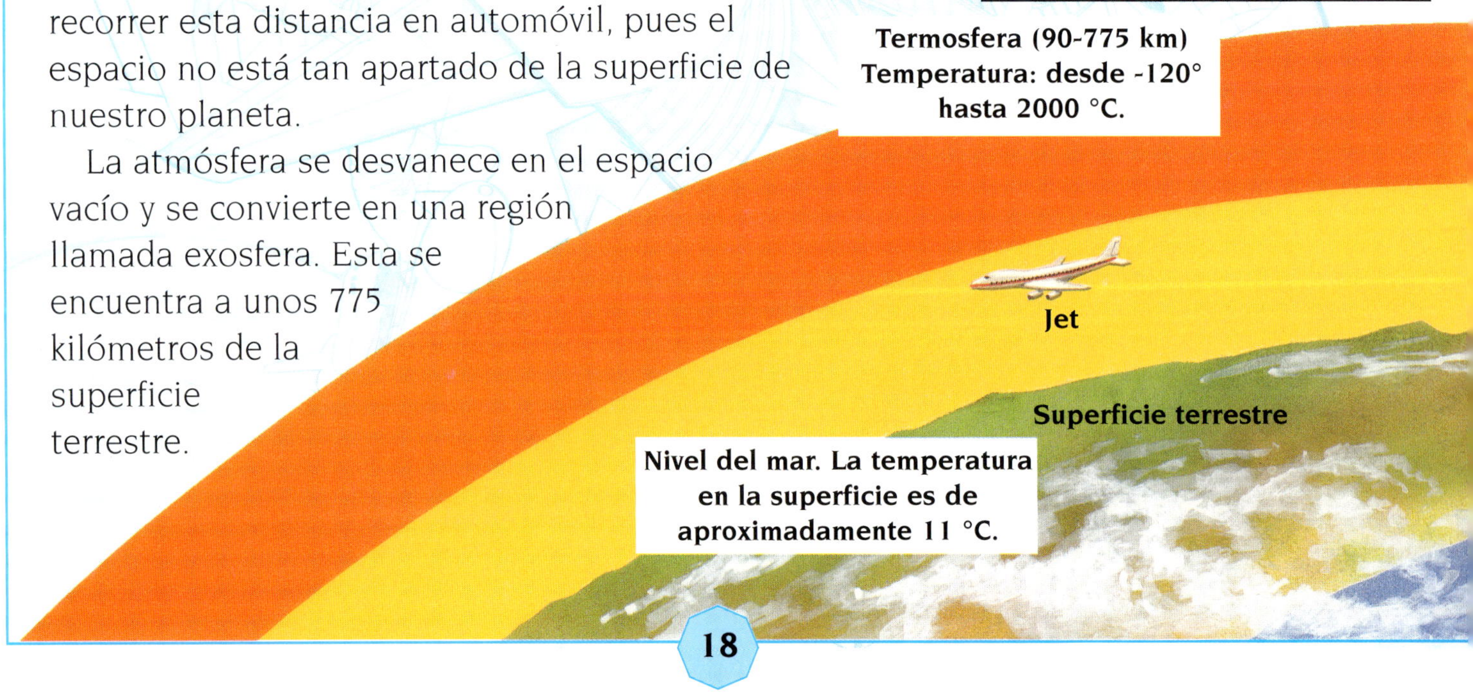

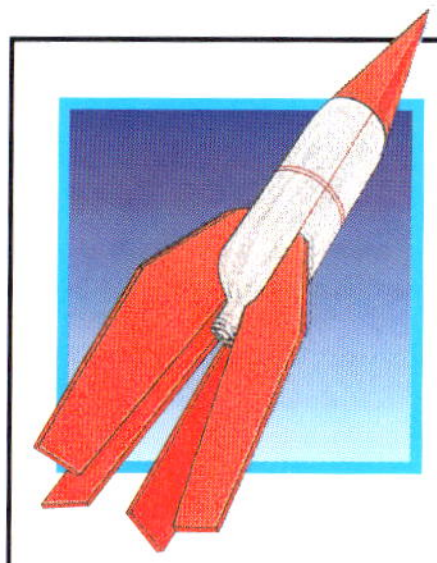

COHETE A ESCALA

PASO 4

PROTECCIÓN

1 Usa pinturas a base de acrílico para pintar la nariz y las aletas de la cola del cohete. Cubre la parte central del cohete con papel aluminio dejando la parte brillante hacia afuera.

2 Intenta hacer este experimento para ver cómo se protege una nave en el espacio. Llena dos botellas con agua. Cubre una con papel aluminio y pinta la otra de negro. Ahora déjalas al sol. Luego de una hora, toca las botellas. La botella cubierta con papel aluminio estará más fría que la negra porque los rayos del sol rebotan en la superficie brillante.

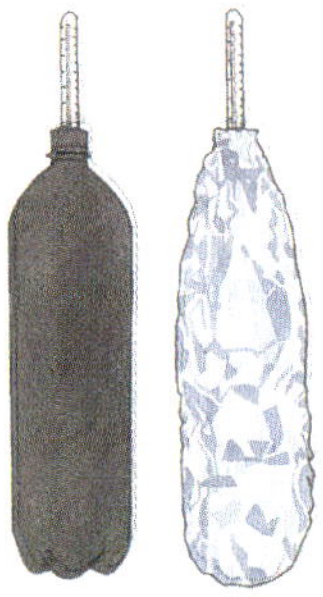

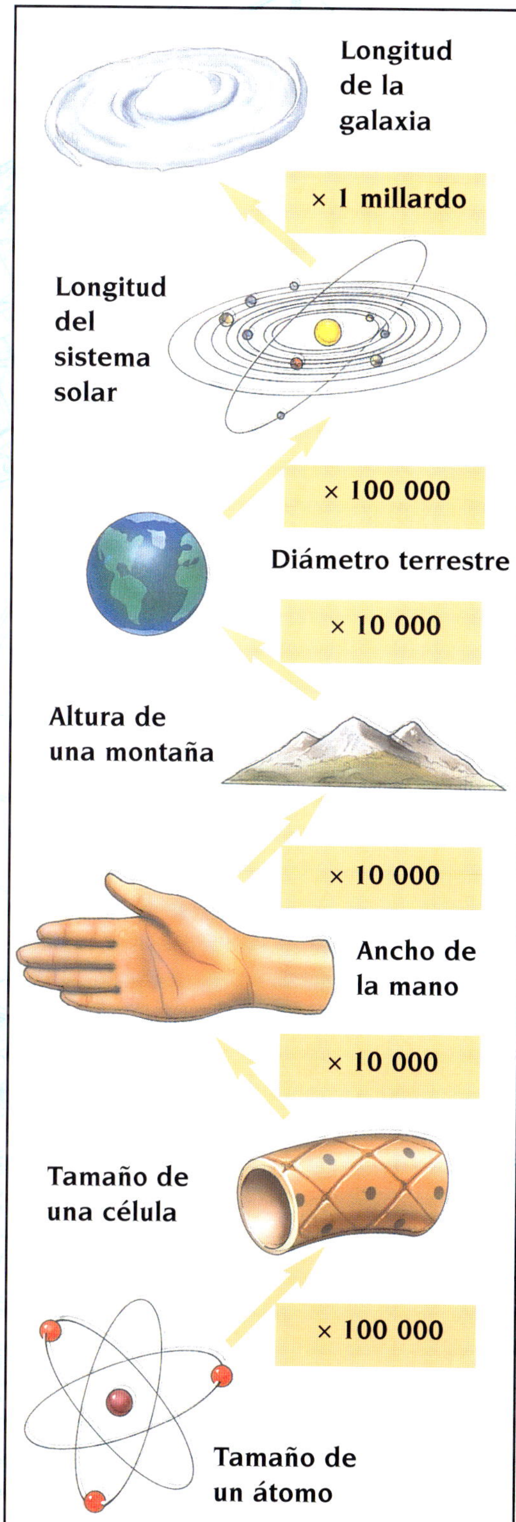

Los astrónomos sólo comenzaron a darse cuenta de la inmensidad del espacio hasta hace aproximadamente 70 años. Las cifras de arriba te muestran lo grande del espacio comparado con los objetos a nuestro alrededor.

Los trajes espaciales impiden que la temperatura del astronauta aumente o disminuya y lo protege de los rayos del sol. La atmósfera terrestre normalmente nos protege de estos rayos, pero aun así podemos quemarnos la piel.

Estratosfera (13-55 km de la superficie). Temperatura: desde -60° hasta 10 °C.

SATÉLITES

Traza la trayectoria de un satélite (ve a la página 21).

Hay más de 2000 satélites artificiales orbitando alrededor de la Tierra; lo hacen a una altura tal que su velocidad anula la atracción de la gravedad de la Tierra.

Giran alrededor del planeta lo suficientemente rápido para evitar ser atraídos por la gravedad, pero no tan rápido para salir despedidos al espacio.

El telescopio espacial Hubble (TEH, *abajo*) ha captado las únicas imágenes confiables del pequeño y distante planeta enano Plutón y ha proporcionado la mejor evidencia de agujeros negros en el espacio.

SATÉLITES

Hay muchas clases de satélites. Los satélites de comunicaciones, por ejemplo, reenvían las señales de teléfono y radio de todo el mundo. Los satélites climáticos muestran las variaciones del clima desde el espacio. En la fotografía de la izquierda, los astronautas reparan un satélite en un transbordador.

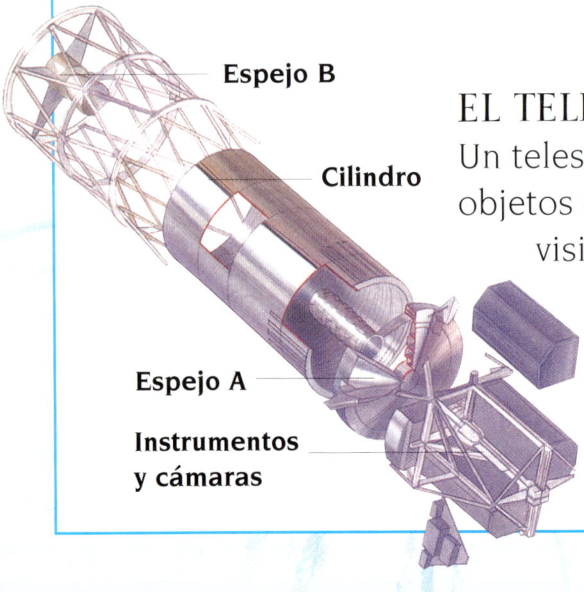

EL TELESCOPIO ESPACIAL HUBBLE

Un telescopio en órbita capta imágenes más claras de los objetos en el espacio porque no hay atmósfera que afecte la visibilidad. El más famoso es el telescopio espacial Hubble, el cual concentra la luz en el cilindro, de donde es reflejada por el espejo A hacia el espejo B. Este último, a su vez, vuelve a reflejar la imagen hacia las cámaras y otros instrumentos científicos.

LA TRAYECTORIA DE UN SATÉLITE

Los satélites orbitan la Tierra a diferentes alturas de su superficie. Los que orbitan a mayor altura lo hacen con la misma velocidad de rotación de la Tierra, y parecen estar siempre en el mismo punto, arriba de la misma. Los satélites que orbitan a menor altura parecen pasar describiendo una onda (*derecha*).

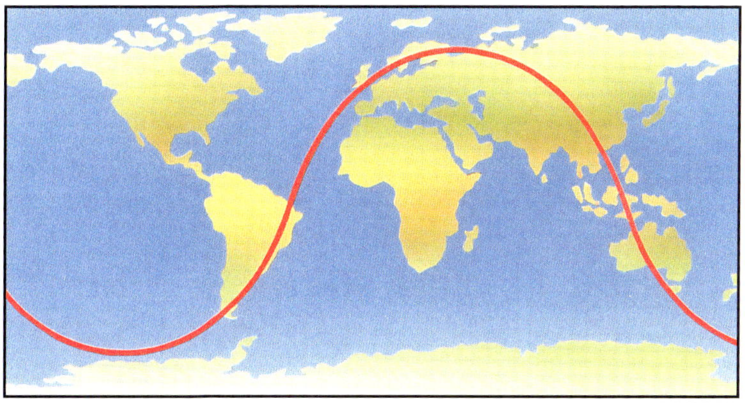

Primera vuelta

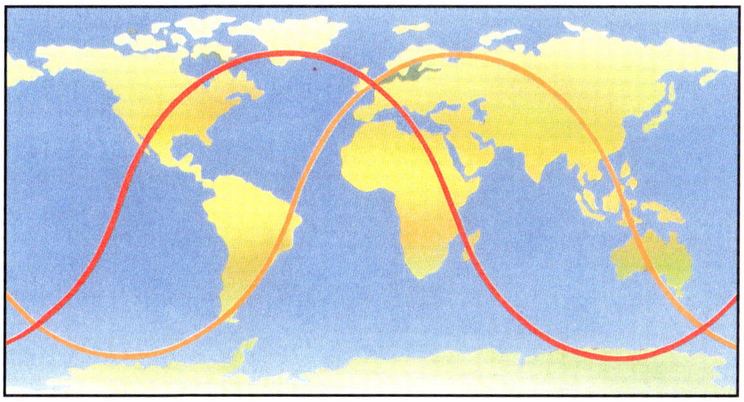

Segunda vuelta: la trayectoria se desplaza debido al movimiento de rotación de la Tierra.

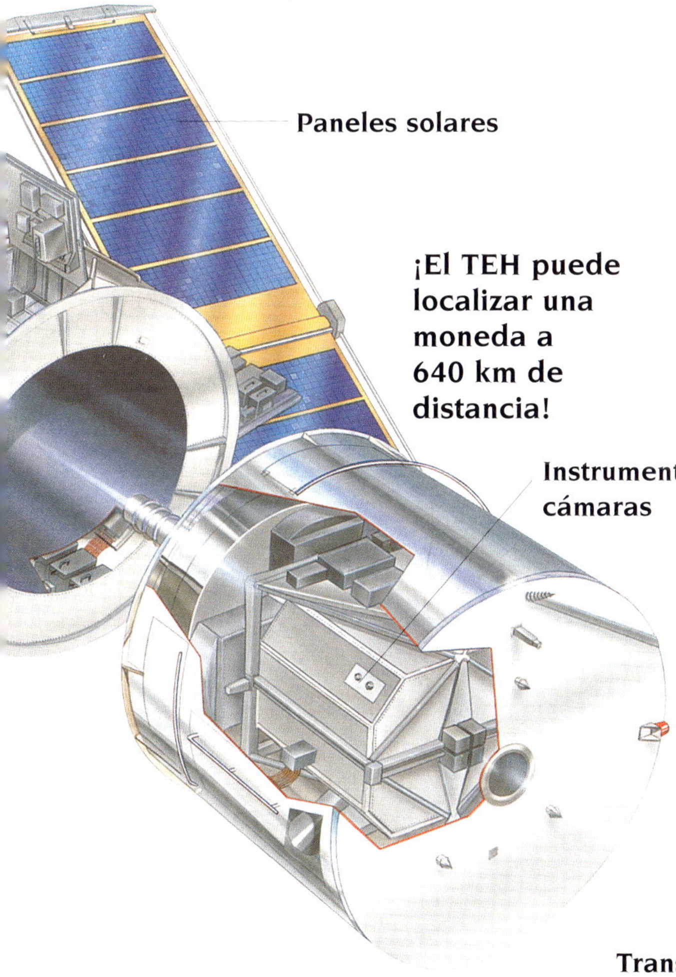

¡El TEH puede localizar una moneda a 640 km de distancia!

Puede resultar complicado reparar un satélite cuando se mueve tan rápido. La tripulación de un transbordador tiene que elegir la velocidad precisa para alcanzar la órbita del satélite.

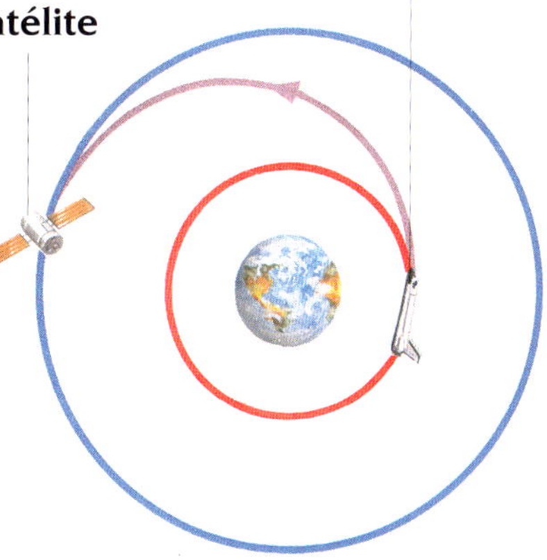

La órbita de un satélite

Realiza este experimento para ver por qué la trayectoria de un satélite describe una onda.

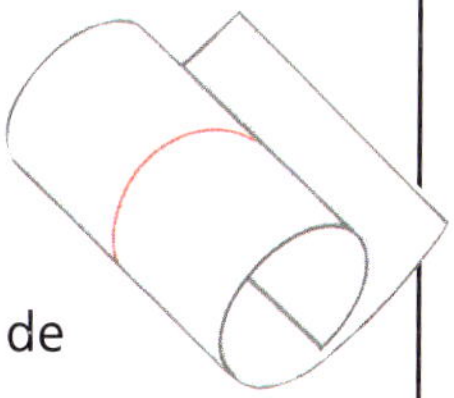

1. Corta un trozo de papel y pégalo alrededor de un recipiente cilíndrico. Ahora, dibuja una línea que pase por la mitad del papel. Esta línea será el ecuador.

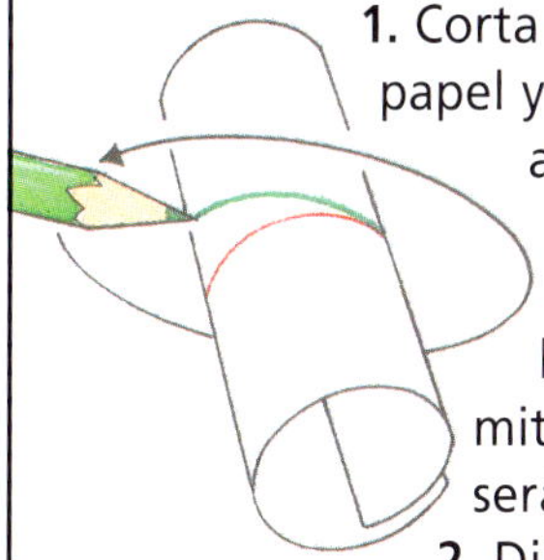

2. Dibuja un círculo alrededor del cilindro en ángulo respecto a la primera línea. Esta será la órbita del satélite.

3. Despega el papel y ¡mira cómo la línea que era recta empieza a serpentear!

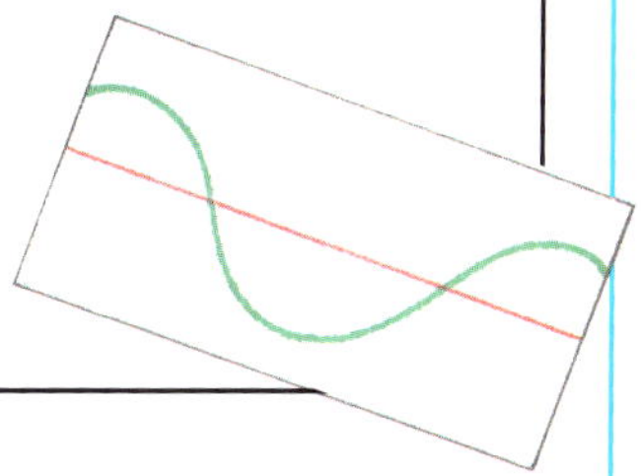

Para experimentar cómo giran los satélites en el espacio, toma una rueda de bicicleta por su eje y siéntate en una silla giratoria. Pídele a un adulto que haga girar rápidamente la rueda. Inclina la rueda y notarás cómo la silla girará sobre su propio eje.

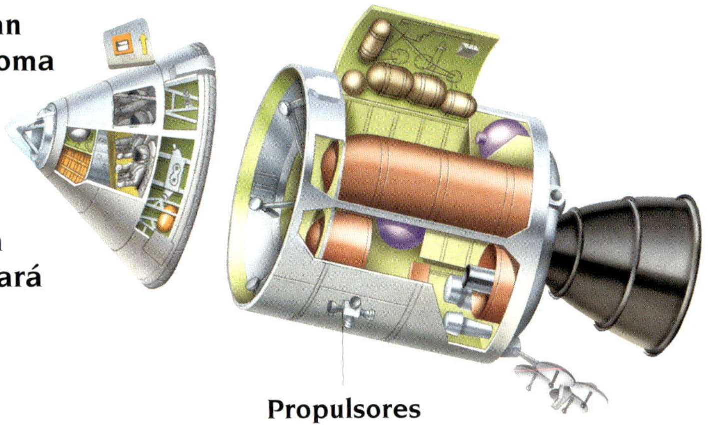

Propulsores

Muchas naves espaciales cuentan con varios y pequeños cohetes propulsores que apuntan en distintas direcciones. Para cambiar de dirección, la nave dispara un grupo de cohetes específico.

NAVEGAR EN EL ESPACIO

En el espacio, una nave espacial no es afectada por la poderosa fuerza de atracción terrestre ni tiene que abrirse paso a través del aire. Sin embargo, su desplazamiento tiene muchos problemas, especialmente cuando una sonda necesita girar sólo un poco para ajustar el ángulo de una cámara.

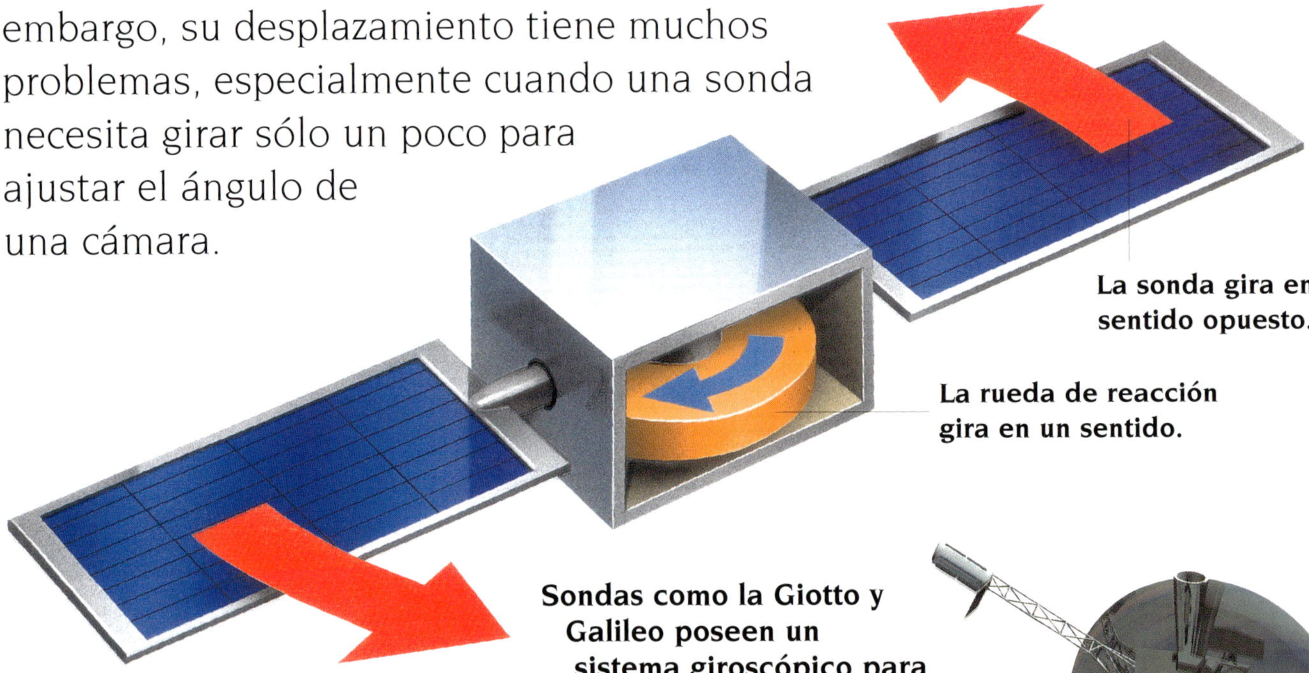

La sonda gira en sentido opuesto.

La rueda de reacción gira en un sentido.

Sondas como la Giotto y Galileo poseen un sistema giroscópico para controlar la dirección a la que se orientan; emplean una pesada rueda giratoria llamada rueda de reacción, similar a la rueda de bicicleta en la silla giratoria (*arriba*). Cuando un motor pequeño cambia el ángulo de la rueda de reacción, el *momentum* de la rueda de reacción giratoria hace que toda la sonda gire.

Giotto

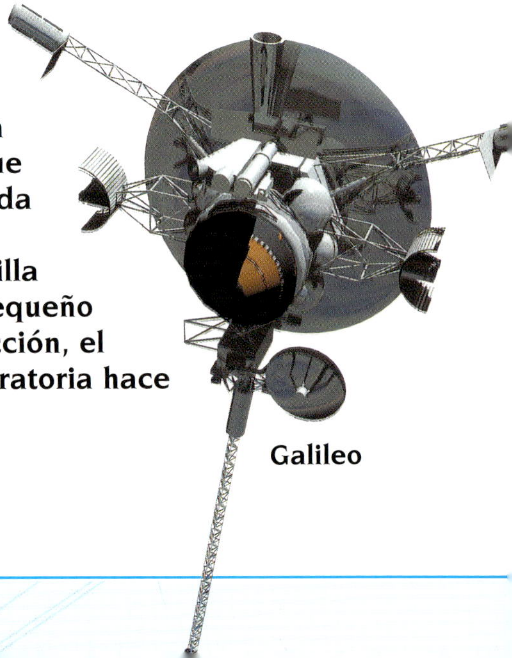

Galileo

EL EFECTO HONDA

Muchas de las sondas espaciales que viajan por el sistema solar se aprovechan de los planetas para continuar su recorrido. Vuelan tan cerca de estos que la atracción gravitacional incrementa su velocidad en el espacio, para luego tomar otra dirección. Es similar a la piedra que se hacía girar y se arrojaba con una honda, conocida como efecto honda.

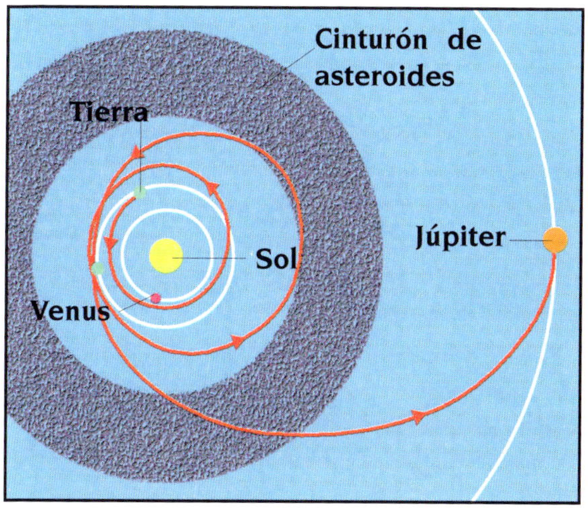

La sonda Galileo aprovechó el "efecto honda" usando a Venus y a la Tierra para impulsarse hacia Júpiter (*arriba*).

ATERRIZAJE LUNAR

Cuando las misiones Apolo llevaban hombres a la Luna, el módulo de mando principal se quedaba orbitando la Luna en el espacio. Los astronautas llegaban a la superficie lunar en un pequeño y liviano módulo lunar, un poco más grande que un remolque. Este contaba con cohetes propios para permitir un aterrizaje suave y para llevarlo de vuelta al espacio.

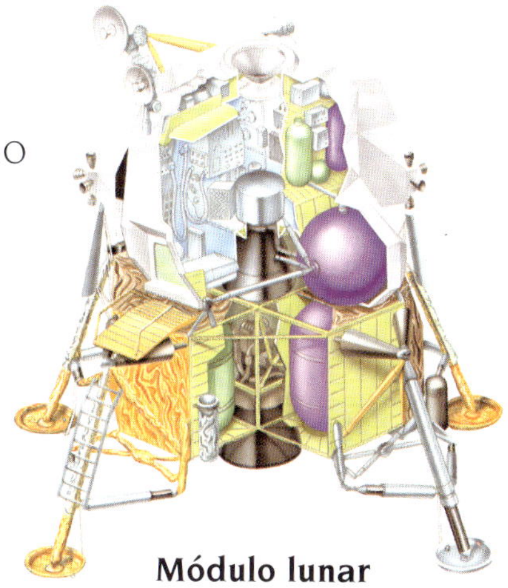

Módulo lunar

A diferencia de la Luna, Marte cuenta con una atmósfera densa. Por eso, cuando el Mars Sojourner aterrizó allí en 1997, se utilizaron paracaídas para disminuir su velocidad. También contaba con bolsas de aire para suavizar su aterrizaje.

CAPÍTULO 4. LA VIDA EN EL ESPACIO

Cuando los astronautas van al espacio, la nave no debe limitarse a protegerlos de la radiación; también debe proveerlos de todo lo que necesitan para respirar, beber, comer y dormir. Una vez en órbita, los astronautas tienen que enfrentarse a la ausencia de peso. Esto quiere decir que los objetos flotan libremente y no permanecen en el piso, pues no hay gravedad.

Para funcionar, el equipo a bordo de una nave espacial necesita grandes cantidades de energía. Aparte de los paneles solares (*arriba*), la nave tiene baterías para almacenar la electricidad y utilizarla cuando la Tierra la cubra con su sombra.

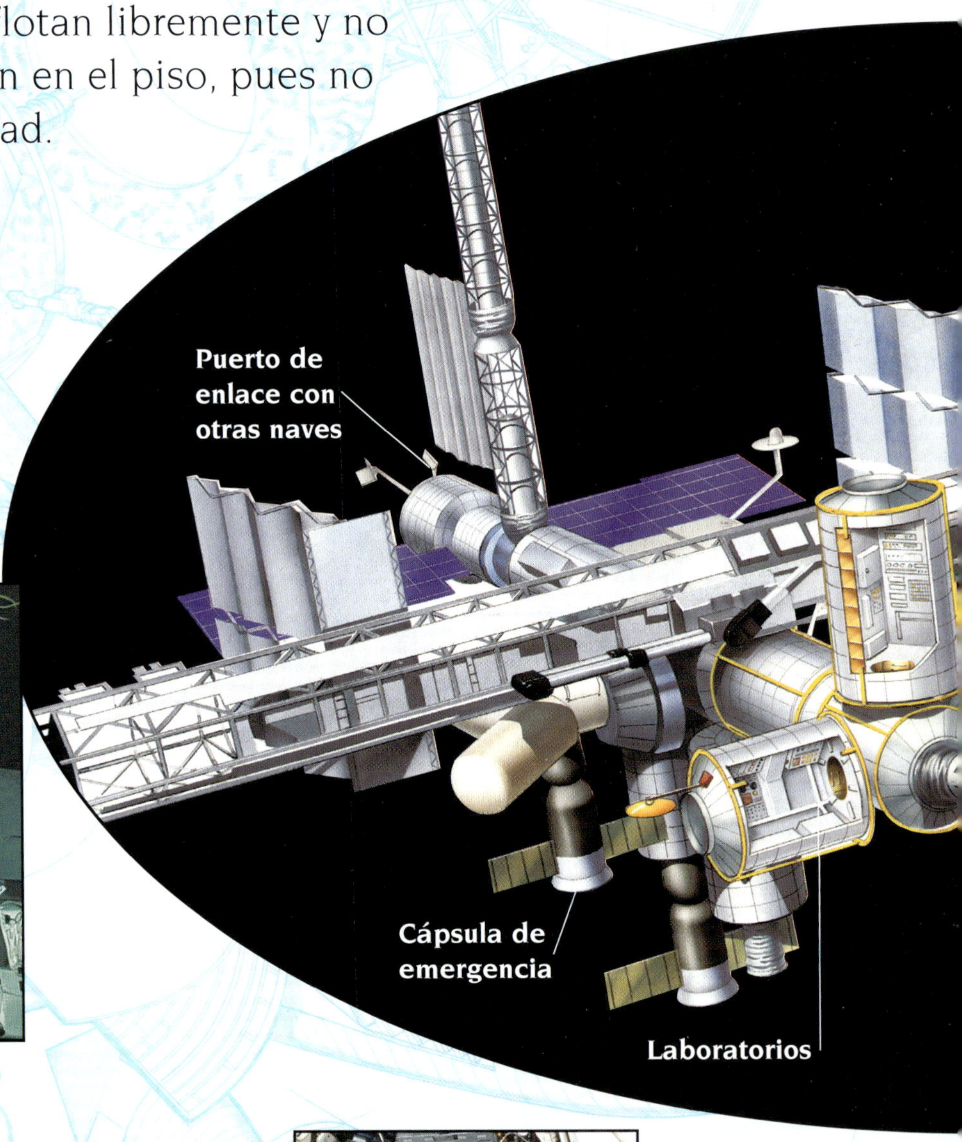

COMIDA ESPACIAL

La comida espacial debe de ser saludable y fácil de ingerir y asimilar. En las primeras misiones, los astronautas consumían comida pulverizada y deshidratada a la que agregaban agua. Ahora ya cuentan con comidas listas para preparar como las que calentamos en casa en el microondas (*arriba*).

Cuando se termine la construcción de la Estación Espacial Internacional (*abajo*), tendrá 108 m de largo y 90 m de ancho. Proporcionará un medio ambiente completo para que docenas de personas puedan trabajar varios meses en el espacio, al mismo tiempo.

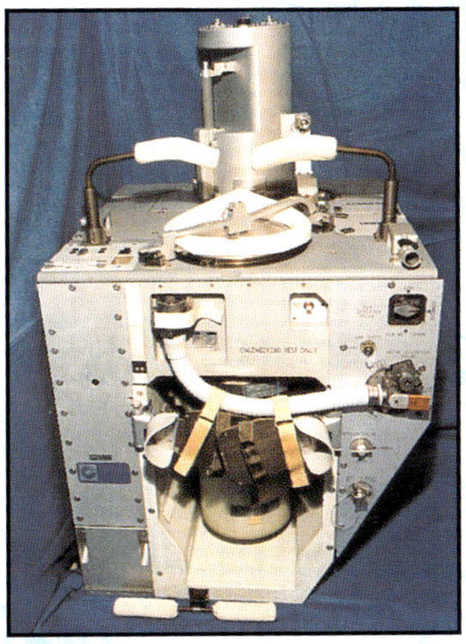

MANTENER EL EQUILIBRIO

Para sobrevivir, un astronauta necesita oxígeno, alimentos y líquido (*abajo*). La maquinaria de la nave espacial proporciona el oxígeno y retira el dióxido de carbono que los astronautas exhalan. Los retretes en el espacio (*izquierda*) recuperan el agua de los desechos y arrojan el resto.

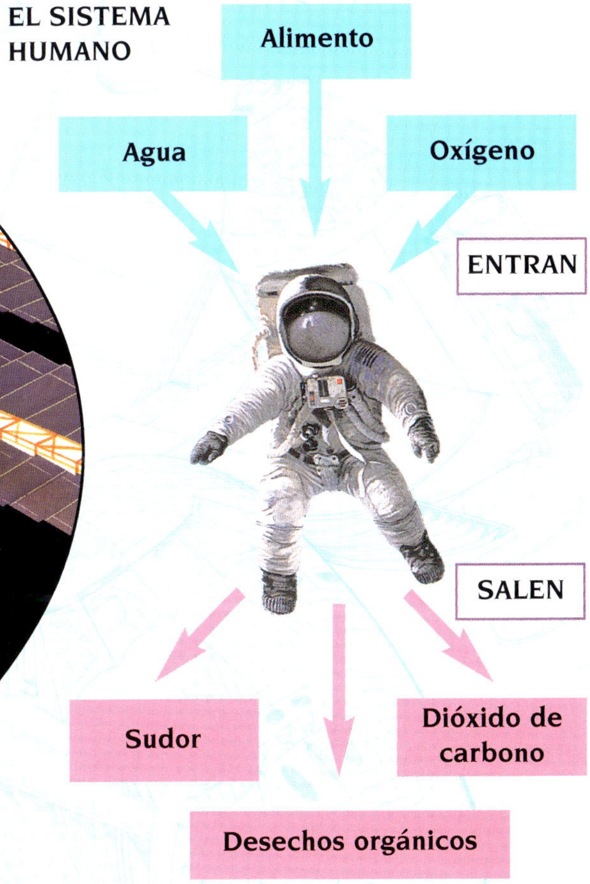

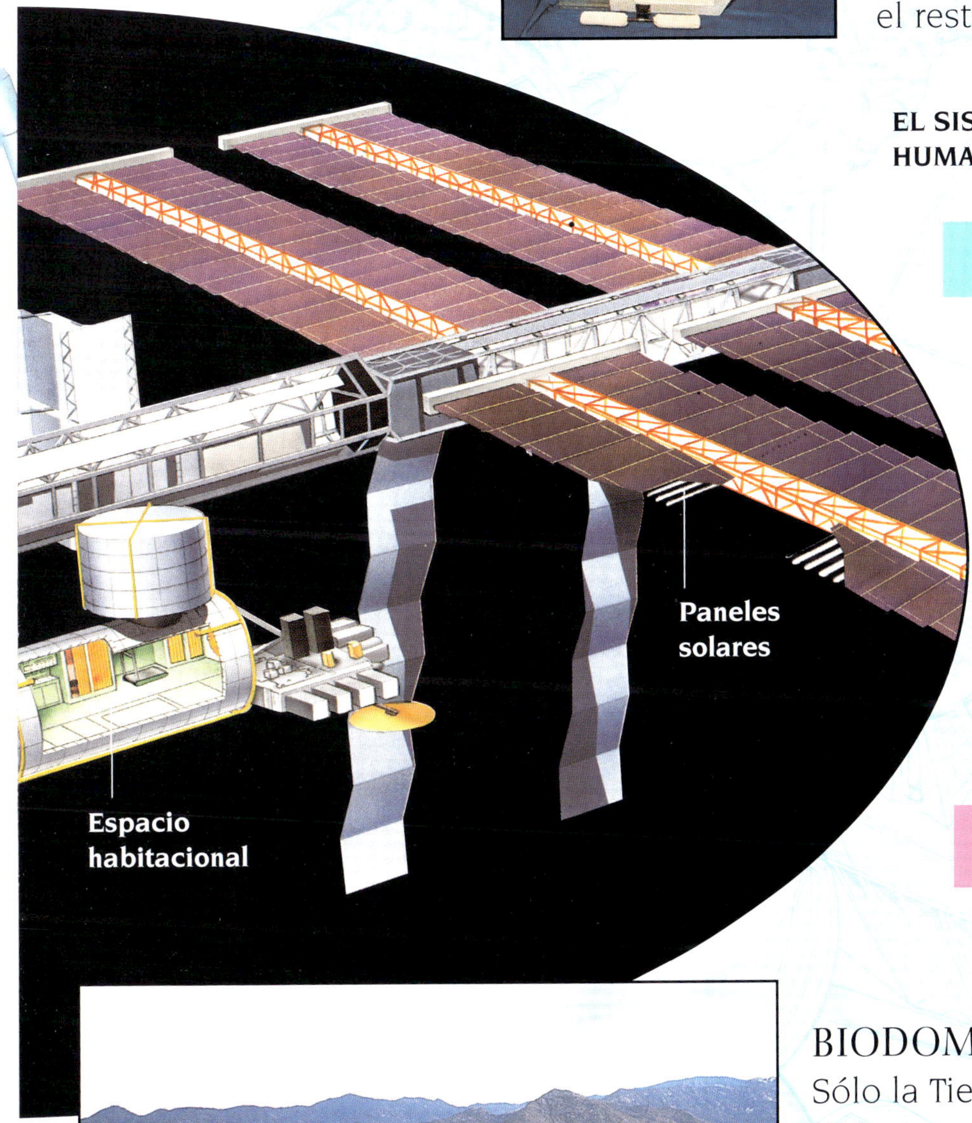

BIODOMOS

Sólo la Tierra les permite a los humanos vivir sin protección adicional. Si alguna vez tuviéramos que habitar otros planetas, tendríamos que vivir en construcciones herméticas (como en el experimento Biosfera 2, *izquierda*) que suplieran todas nuestras necesidades, igual que lo hace una nave espacial.

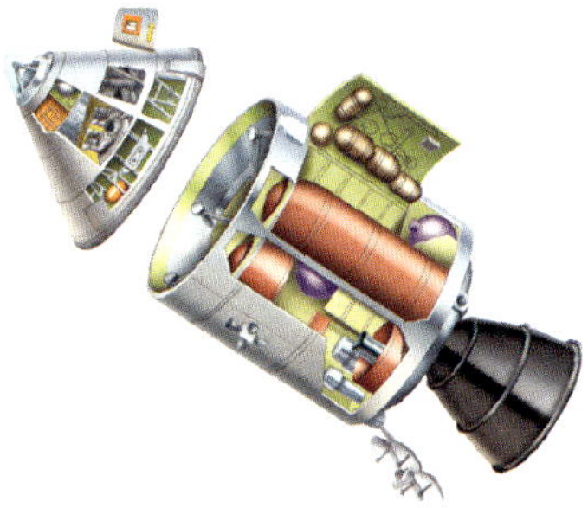

PRINCIPIOS CIENTÍFICOS

PON A PRUEBA TUS CONOCIMIENTOS

PRIMERA LEY DE NEWTON

La primera ley de Newton del movimiento establece que cuando hay un objeto en movimiento —por muy pequeño que este sea— hay una fuerza involucrada. Cuando un objeto comienza a moverse, acelera, desacelera o simplemente cambia de dirección; esto se debe a una fuerza. Todo esto se relaciona con el impulso y la inercia.

IMPULSO (*MOMENTUM*)

Todo lo que permanece en reposo tiene inercia, es decir, que no se moverá a menos que algo lo obligue a hacerlo. Todo lo que se mueve lleva un impulso. Esto significa que no se desacelerará o acelerará a menos que algo lo obligue. Algo pesado y rápido, como un automóvil, lleva mucho impulso (*momentum*). El impulso (*momentum*) que lleva el auto hace que se deforme cuando se estrella contra una pared (*arriba*).

? **1.** *¿Por qué un transbordador tiene alas? Las respuestas de todas las preguntas de las páginas 28-29 las encontrarás en la página 32.*

SEGUNDA LEY DE NEWTON

La segunda ley de Newton trata sobre la eficiencia de la fuerza aplicada. El incremento o disminución de velocidad se conoce como aceleración. La segunda ley de Newton afirma que la aceleración depende de la cantidad de fuerza aplicada y de qué tan pesado sea el objeto. Para arrojar rápido una pelota, se requiere un lanzamiento fuerte.

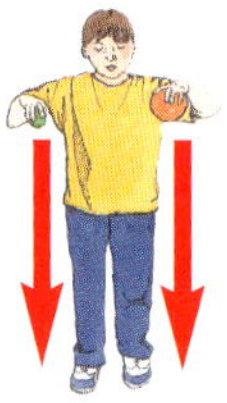

? **2.** *¿Qué cae más rápido: una bala o una canica arrojadas desde la misma altura?*

TERCERA LEY DE NEWTON

Cuando caminas, el suelo empuja tus pies en sentido contrario con la misma fuerza. Si no sucediera así, tus pies se hundirían en el suelo como si pisaras agua. Si el suelo te empujara con mayor fuerza, saldrías disparado por los aires.

Siempre que hay algo en movimiento (o es empujado, *arriba, derecha*), existe este equilibrio de fuerzas trabajando en oposición.

GRAVEDAD

La gravedad es la fuerza natural que hace que los objetos se atraigan entre sí. Cada fragmento de materia en el universo tiene su propia atracción gravitacional. La magnitud de la fuerza de atracción depende de la distancia a la que se encuentren los objetos y de qué tan grandes sean o, más bien, de su masa, que es la cantidad de materia de la que están compuestos.

Los objetos grandes y pesados ejercen mayor atracción que los pequeños y livianos. Por eso la gravedad de la Tierra es suficientemente grande como para mantenernos en la superficie; pero no podemos percibir la gravedad producida por un huevo.

? **3.** *¿Un saco repleto se hará más liviano o más pesado a medida que se aleje de la Tierra?* (Mira la pista arriba).

RADIACIÓN

La radiación es una liberación de energía. Algunas veces puedes verla. La luz que hace posible que veas las cosas es un tipo de radiación. El mundo es cálido y brillante porque el Sol irradia su luz y su calor (*abajo*). Sin embargo, la mayor parte de la radiación es invisible, como los rayos X y las ondas de radio.

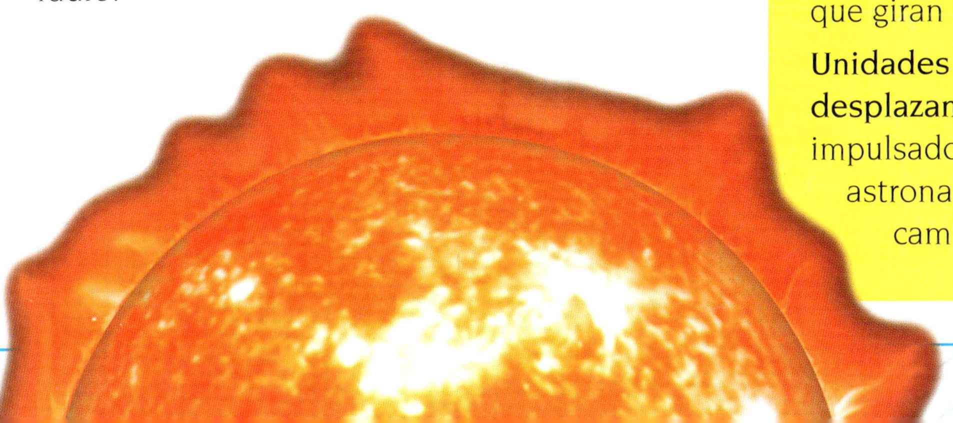

TÉRMINOS TÉCNICOS

Carga efectiva: elementos llevados al espacio como tripulación y equipo.

Combustible líquido: combustible de cohete que se almacena en forma líquida, como el queroseno.

Empuje: fuerza de un cohete, es decir, el poder con el que impulsa la nave.

Fuerza centrífuga: fuerza que aparentemente te aleja del centro cuando te estás moviendo en una trayectoria circular. Cuando un satélite se encuentra en órbita, esta fuerza es equilibrada por la de la gravedad.

Órbita: ciclo completo alrededor de un objeto, por lo general de un satélite o nave espacial que conserva su distancia con el planeta gracias a la gravedad.

Oxidante: fuente de oxígeno requerido para encender el combustible líquido.

Propulsor: cohete adicional diseñado para darle un empuje extra a la nave espacial en su viaje.

Reingreso: punto en el que la nave espacial de regreso a la Tierra abandona el espacio e ingresa en la atmósfera terrestre. Al hacerlo, la fricción con el aire en la atmósfera de la Tierra hace que la nave se caliente demasiado.

Satélite: todo objeto que orbite alrededor de otro en el espacio. Las lunas son satélites naturales. Los satélites artificiales son aquellas naves que giran alrededor de la Tierra.

Unidades tripuladas de desplazamiento (MMV): dispositivo impulsado por cohetes que el astronauta lleva en su espalda en las caminatas espaciales.

PARTES DE UNA NAVE ESPACIAL

Actualmente, hay dos tipos de naves espaciales: el transbordador con apariencia de avión que lleva a los astronautas a órbitas bajas; y las naves no tripuladas que transportan sondas espaciales y satélites al espacio, alojados en la nariz cónica.

Transbordador
Dos propulsores de combustible sólido impulsan el transbordador en el aire durante dos minutos, después del despegue.

1 MOTORES PRINCIPALES
Estos continúan funcionando despues de que los propulsores se desprenden. Se alimentan de combustible desde un gran tanque externo.

2 ESTABILIZADOR VERTICAL
Así como la cola de un avión, el estabilizador vertical ayuda a maniobrar el transbordador.

3 ALAS
El transbordador emplea sus alas para planear por los aires despues de su reingreso en la atmósfera.

4 PUENTE
Dos miembros de la tripulación se sientan en el puente durante el despegue y el reingreso. Desde aquí se controla el transbordador.

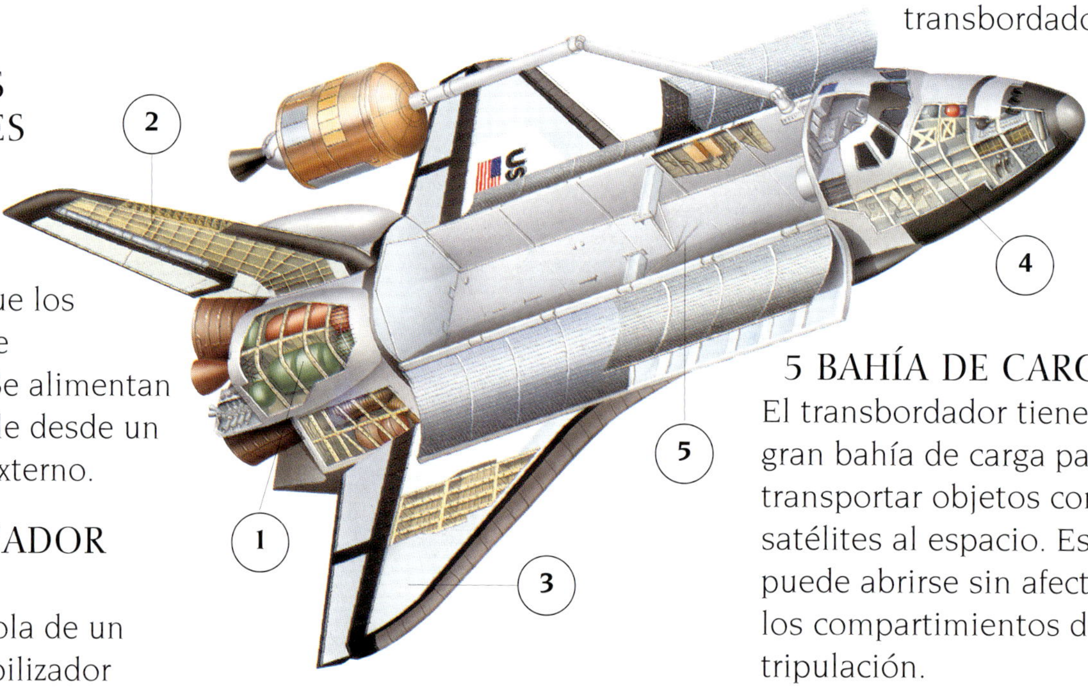

5 BAHÍA DE CARGA
El transbordador tiene una gran bahía de carga para transportar objetos como satélites al espacio. Esta puede abrirse sin afectar los compartimientos de la tripulación.

DÓNDE SE ENCUENTRAN
¿En dónde se tomaron las fotografías A, B y C? Una es en Marte, otra cerca de la Tierra y otra en la Luna. Identifícalas.

A

B

C

SATURNO V

6 PRIMERA ETAPA

La primera etapa del lanzamiento de un cohete siempre es la más grande, pues proporciona el enorme impulso necesario para elevar la nave verticalmente desde el suelo.

7 SEGUNDA ETAPA

Una vez que la primera etapa ha finalizado con el despegue del cohete, este combustible se agota y aquel se desprende. Entonces se dispara la segunda etapa para acelerar el cohete y elevarlo más.

8 TERCERA ETAPA

La tercera etapa le da al cohete el impulso final para llevarlo a la velocidad necesaria para liberarse de la gravedad terrestre.

CARGA EFECTIVA

A, B y C corresponden a distintas clases de carga efectiva transportada dentro de la nariz cónica de una nave espacial. Una está hecha para llevar a los astronautas a la Luna, otra es un satélite y otra es una sonda espacial. ¿Puedes identificarlas?

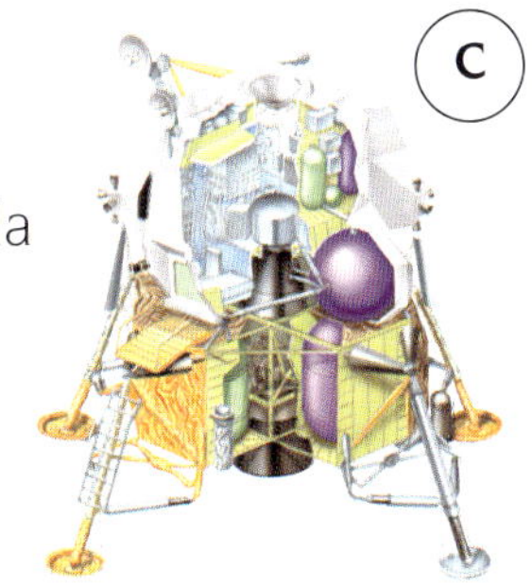

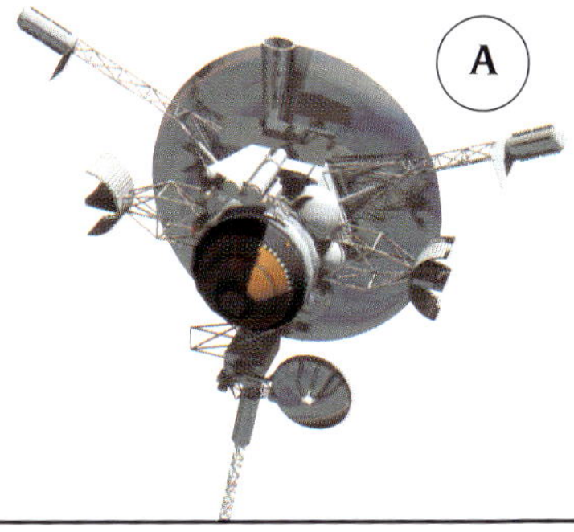

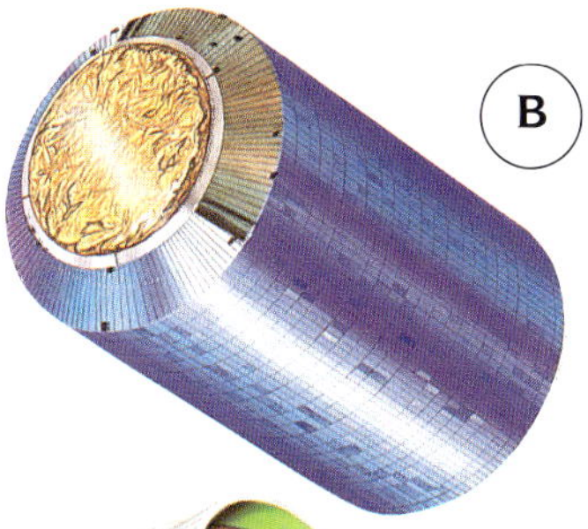

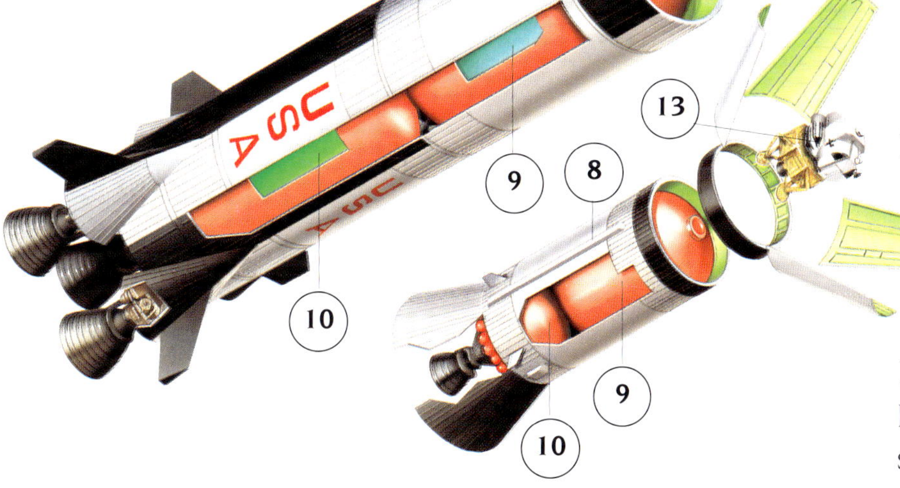

11 NARIZ CÓNICA

Dentro de la nariz se alojan las tres naves espaciales (*abajo*) usadas en el alunizaje.

12 MÓDULO LUNAR

Lleva a los astronautas a la superficie lunar.

13 MÓDULO DE SERVICIO

Permanece orbitando alrededor de la Luna.

14 MÓDULO DE MANDO

Lleva a los astronautas de vuelta a la Tierra.

9 TANQUE CON OXIDANTE

Un tanque suministra el oxígeno que el combustible necesita para arder (dado que no hay oxígeno en el espacio).

10 TANQUE DE COMBUSTIBLE

Tanque que suministra el combustible que puede quemarse al combinarse con el oxígeno.

ÍNDICE

Tu cohete a escala terminado

Respuestas: páginas 28-29
1 Un transbordador tiene alas para poder planear después de su reingreso en la atmósfera terrestre.
2 Aunque la bala viaje más rápido en una trayectoria horizontal, la canica y la bala caerán con la misma velocidad, ya que pesan más o menos lo mismo. La gravedad las atrae con la misma fuerza.
3 El saco se hará más liviano cuanto más te alejes de la Tierra, pues la fuerza gravitacional disminuye.
Respuestas página 30
La Luna = A; Marte = B; Tierra = C.
Respuestas página 31 Sonda espacial = A; satélite = B; nave para alunizar = C.

CRÉDITOS DE LAS FOTOGRAFÍAS
Abreviaturas: a: arriba; m: en medio; ab: abajo; d: derecha; iz: izquierda; c: centro.
Cubierta y página 13m: Lockheed Martin.
Página 4a, 13ab, 17, 24m y 25ab: Frank Spooner Pictures.
Páginas 6,7 ambas, 10, 12, 13a, 15, 19, 20, 24ab, 25a, 26 todas, 27 y 30 todas: Administración Nacional de Aeronáutica y Asuntos Espaciales (NASA).

Aleta

To Spin a Yarn

To Spin a Yarn

Distaffs:

Folk Art & Material Culture

Michael T. Ricker

Stephen F. Austin State University Press

Printed in China
First Edition 2013

The paper used in this book meets the minimum
requirements of ANSI/NISO Z39.48-1992 (R1997)

Library of Congress
Cataloging-in-publication Data

To Spin a Yarn: Distaffs: Folk Art, and Material Culture
by Michael T. Ricker. —1st Edition

ISBN: 978-1-62288-013-3

1. Folk art. 2. Folk Art—Russian 3. Material Culture—Russian.
4. Folk Art—Scandavian. 5. Material Culture—Scandavian.
6. Material Culture—Nordic.

Contents

When years are involved in the completion of a project, the corresponding thanks run both broad and deep.

First thanks go to Dr. David A. Lewis. Not only did he suggest this project, and help me overcome my concerns regarding the weight of the task, his editorial assistance is valued beyond measure. Kimberly Verhines, director of the SFASU press, provided further editorial assistance and support.

The Nordiska Museet (known hereafter as The Nordic Museum), in Stockholm, provided access to its online inventory. The museum's records enabled me to compare Nordic distaffs in this book with examples in its collections. The museum also gave permission to reproduce vintage photographs of two distaffs from their collections. My liaison, Marie Tornehave, was supportive and always helpful.

The Vesterheim Norwegian-American Museum provided information and images for a very rare Norwegian distaff. The section on Norwegian distaffs in this book is better as a result of their assistance. Alison Dwyer, Collections Access Manager, was particularly helpful.

The Lithuanian Art Museum, in Vilnius, allowed me to reproduce a vintage photograph of Veronika Rasteniene spinning from her distaff.

Anne Kristin Moe, curator at the Norsk Folkemuseum, in Oslo, provided valuable information on the Norwegian distaff tradition.

I am indebted to all those who helped me find the distaffs brought together in this study. Roy Williamson, American expatriate historian of decorative arts, enriched my knowledge of the French distaff tradition and kindly introduced me to Thierry Coudert, from La Garnie, France, dealer and expert in European fork art and antiques. Thierry contributed an essay on the French distaff tradition and provided superb examples of French distaffs with precise attributions. The French section would not exist without his help. John Cornall, of John Cornall Antiques, in the UK, helped locate several excellent Russian distaffs. David Coomber supplied a distaff and help arrange shipping for John Cornall. Viveca Ahlenius of Älvsjö, Sweden, was helpful in locating several important Swedish distaffs. Lloyd Ryder, of Ryder Antiques, located several superb Nordic distaffs. Monica Dubay, office manager for R. Jorgensen Antiques, Wells, Maine, worked hard to process and ship a beautiful German distaff on very short notice.

Ramutis Petniunas, from Vilnius, Lithuania, went to great lengths to support this project. Not only did he help find Lithuanian and Russian distaffs, he acted as a liaison with the Lithuanian Art Museum. Ramutis also provided photographs of other Lithuanian distaffs and an image of the monumental stone sculpture *The Unity Tree*. Ramutis's son, Paulius Ptasinskas, helped with communication and image files. The book is better by virtue of their help.

Hakan Secilmis worked tirelessly to locate Turkish distaffs and made a special effort to determine their point of origin. Dritan Seda not only helped identify Albanian distaffs, but also traced them to their regions of origin. Dritan's admiration for spinning tools is inspiring.

Luba Mittelman provided translations for Russian and Balkan inscriptions. Her enthusiasm for quality in folk art is delightfully contagious.

Two members of the Dallas Handweavers and Spinners Guild were helpful to the project. Michael Cook organized communication with members. Hinke Schroen was kind enough to recommend Midge Jackson to demonstrate spinning from various distaffs for the camera.

Midge Jackson traveled far, spinning wheel and strick (a hank of flax, ready for spinning) in hand, to help me understand the particulars, and joys, of spinning. Watching her move from one distaff to the next, as if they were old friends, was magical. Midge was kind enough to bring Margaret Minton, whose expertise and ready references helped us place flax spinning in world context. Midge and Margaret are members of the East Texas Good Fiber Society.

Last, but far from least, my deep and sincere thanks go to my family and friends who always support my often meandering efforts in so many ways. Your enthusiasm, in the face of endless streams of extraneous information, is the most valuable support anyone could ask for.

Michael T. Ricker

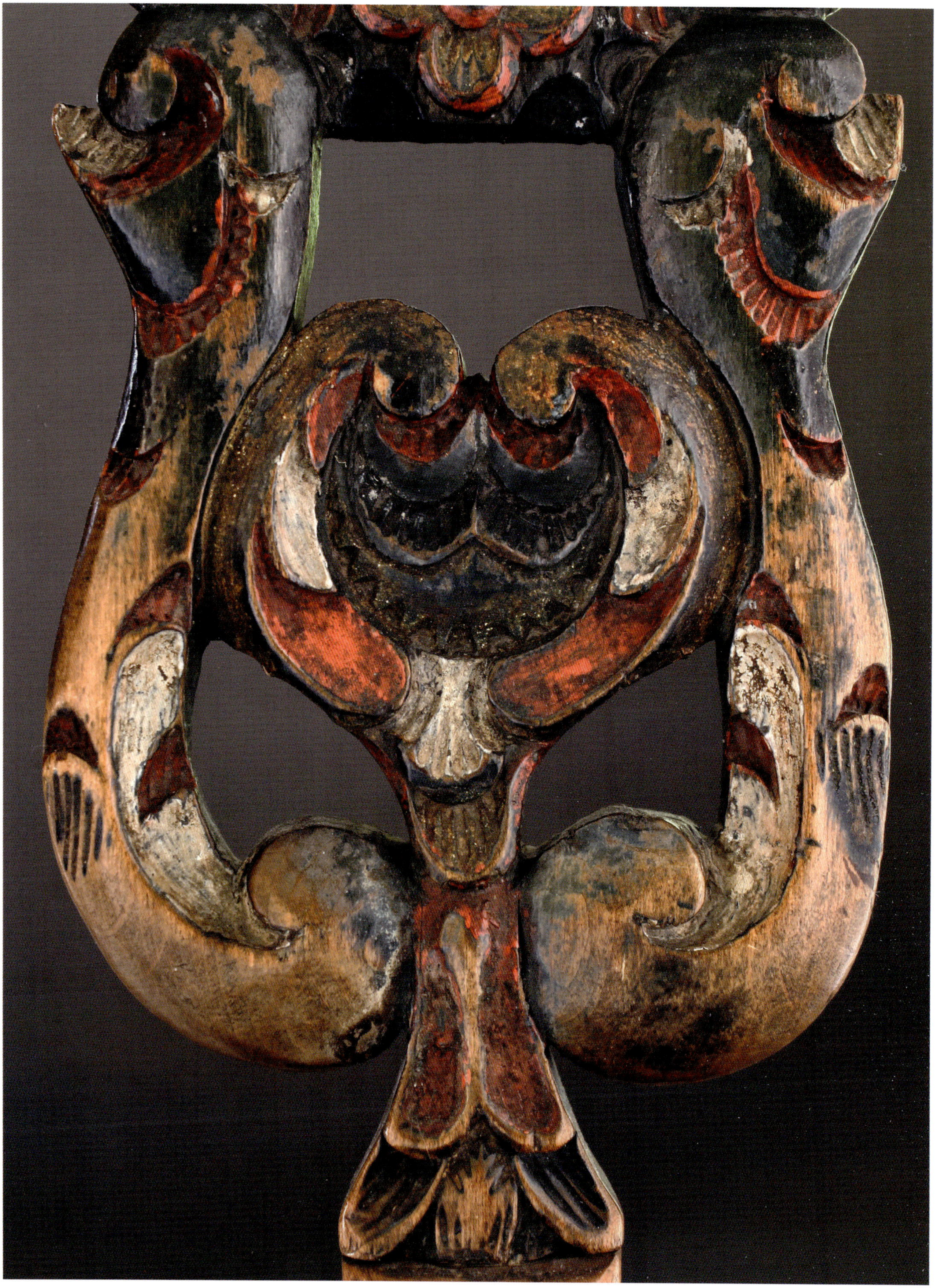

Let's suppose a gradient between absolute utility and absolute art: the pure extremes are only in our imagination.
–George Kubler

The world spins, and the world weaves. Virtually every culture has a textile tradition. While the fiber might vary, the intent is the same. Fiber becomes yarn. Yarn becomes textiles.

Prior to the industrial revolution, textile production was an all-consuming task. Making simple cloth required countless hours. Fiber was prepared, yarn spun and dyed, and fabric woven. Textiles were precious. For centuries, being a good spinner was a crucial talent for a woman. She mastered spinning and related skills as a child. Those abilities dominated her life. Often, her first substantial achievement was the creation of textiles which constituted, at least in part, her dowry.

ORIGINS

As a noun, distaff derives from *dis*, old German for a bunch of flax, and *staff*. In other words, a staff for flax. It describes a simple object, which provides little more than a fixed spot to hold a prepared bunch of fiber so it may be pulled off (drafted) and spun into yarn, usually with the assistance of a drop spindle or spinning wheel. As an adjective, distaff defines a feminine aspect or association.

FORM AND FUNCTION

In one form, the distaff is literally a staff, held under one arm or between the legs, with a drop spindle in the opposite hand. These long-form distaffs were also used with stands and spinning wheels. A shorter form was usually placed in the swing arm of a spinning wheel or on a stand.

A third form, the footed distaff (most common in Russia), is a relatively large device. A shaft connects the blade (where the fiber is tied) to a large foot, where the spinner sits to spin. Although bulkier, footed distaffs remained the preferred form in Russia well into the 20th century, the small form being virtually unknown there. Lithuanians used all three forms, although they eventually shifted, almost exclusively, to small form distaffs by the early 20th century. All three forms of distaff acted as an extra appendage, allowing the spinner to use both hands. Ultimately, distaffs were simple tools for easing the task of spinning yarn. Like other hand-made tools, distaffs sometimes became important cultural objects.

Distaffs all share structural nomenclature, but vary dramatically in appearance. The small form has a short shaft or stem, which is the handle and point of attachment to a stand or spinning wheel. Above the handle, the fiber is tied to the blade, crest, paddle or spindle. The long (staff) form is similar to the short form except that the shaft/stem is extended, so it may be held under the arm, through a belt, between the legs, placed in a spinning stand, or placed directly in a spinning wheel. For footed distaffs, the lower part, where the spinner sits, is the seat (*donets* in Russian), also known as the foot. The vertical portion, rising from the seat, is the shaft, stand, stem or leg. The top portion, where the fiber is attached, is, once again, the blade, crest, paddle or spindle.

Left to right: Russian footed distaff, Lithuanian short form distaff, Serbian long form distaff.

A Russian distaff showing nomenclature.

Spinning techniques dictated the forms of distaffs, but regional tradition controlled appearance. The decoration of distaffs was often derived from architecture or architectural elements, particularly door panels and window frames. The decoration found in churches, available to all, was a pervasive influence, especially in rural settings. Church decoration was often created by traveling artists, yet remained generally unique to each area. The artist's work would be based in large part on foreign influences, combined with regional elements. Celtic, Romanesque, Gothic, Baroque and Rococo were stylistic influences, each melding with the other over time. Competition between organic and geometric styles defined, to a degree, regional efforts. While changes in decorative style were relatively slow, the pace quickened in the 19th century, although dramatic changes, particularly in religious decoration, were poorly received in conservative rural communities. This isn't to imply that these artisans were uninspired, repetitious or fearful of change. They knew their culture, tools and personal ability. Each worked with creativity, but generally within the constraints of tradition. Their historical 'tool bag' of designs provided a basis from which to work. They may well have thought: *That is nice, but I can make a better one!* Competitive spirit improved quality and added variety, if not consistent innovation. So, while a forked stick would be suitable to the task, time, tradition and individual effort allowed distaffs to become ornate objects, transcending the simple tool.

Makers and Users

Distaff production, in the cultures under consideration, enjoyed a heyday stretching from the mid 18th century to the early 20th century. During these years, distaffs were prominent—virtually obligatory—features in most rural European households. They were highly valued tools. Like other family objects, they became cultural touchstones. Distaffs were made, or purchased, as familial or betrothal gifts, marking moments in time: the first gift to a daughter, or a betrothal gift to a prospective bride. These were dates to remember. In lands with beautiful tools, those related to spinning, and textile preparation (and care), were among the most embellished.

The distaffs of Northern Europe (including Russia) were the most heavily decorated. Personal expressions of regional culture, distaffs acted, in a sense, like boundary markers in lands where travel was difficult year round. A person might not travel a hundred miles from their place of birth. Personal identity was tied to cultural identity. Every tool was likely made in the local style, however modified by foreign influences. Working in dim interiors through long winters of little sun and bitter cold, folk artists would have an appreciation for bright colors. Confined by the weather, their industrious nature was applied in part to the extensive decoration of personal items.

Distaffs are less common than most other examples of material culture. Many items, such as boxes, were made in fairly large quantities, and were often made for sale as well as use. Most families had several chests (to hold valuable textiles) and a plethora of boxes. Anyone can use a box. Not anyone can use a distaff. A spinner might receive two distaffs in her life. They were her sole property, and a very personal item. Presumably, she controlled their disposition. In many cultures they were handed down in the family.

Distaffs require multiple skills in their creation. Each is a tool, a sculpture, and a work of architecture. To create the form, the wood must be shaped, or assembled, by one or more carpenters. Another artisan might then execute finely carved decoration. Sophisticated painting could easily be the work of yet another craftsman. Distaffs that strike us as master works are just that—the work of a master, *or masters*. Workshops honed their abilities to create a superior product *and* make sufficient quantities to meet the demands of the market. In the absence of a workshop, a gifted individual could accumulate the talents needed to make quality distaffs, albeit in smaller numbers. Working in his spare time, he could supplement his living by creating distaffs. The maker could also be a talented amateur emulating an otherwise unobtainable object. Distaffs, in remarkable variety, came from a broad range of sources. The giver was not always the maker.

It is said, with varying degrees of credibility, that the best individual makers were the worst wooers. A man could leave a gift, often a distaff or mangle board, at the door of his desired bride. If she took it in, he was accepted. If she left it outside, he was refused. Obviously you couldn't give the same gift to another girl, so the suitor was compelled to create another courtship gift for his next love. After sufficient time we must presume he was very good at one thing, if not the other. In his essay on Sweden in *Peasant Art in Sweden, Lapland and Iceland* (page 20), Sten Granlund writes:

> *When a young man fell in love with a lass he set to work to sloyd a present for her. If she accepted, it was a sign that she was favourable to him and then he could take steps for pressing his suit in real earnest. The twists and turns on the scutching-knife or mangling-board are, therefore, emblematic of the tortuous dreamland ways along which the lover's thoughts wandered while he plied his knife, and the chips fell fast to the floor.*

Place and Time

Tracing the origin of a distaff requires the study of both geography and history. The world is in flux: countries expand and contract, boundaries move, place names change. Such transformations are common, both within nations and within regions. The maps provided for each section in this book date from the late 19th to early 20th centuries; they demonstrate how the world has changed, particularly in the last hundred or so years.

We may call it a Finnish distaff, but when it was made, Finland was part of Russia, only beginning to gain its full independence with the Russian Revolution of 1917.

Norway and Sweden have a shared history, and not always a pleasant one. Between 1814 and 1905 both were ruled by a Swedish king, yet each retained separate identities. In all countries, regardless of borders and conquerors, rural communities worked to retain local traditions.

At one point most of the Balkans were part of the Turkish Ottoman Empire. Land was gained and lost through conflict. Most of the Balkan distaffs represented in this study were made before the end of the Ottoman Empire, yet they retain local characteristics. A Greek living in Turkey made a Greek distaff.

The moral of the story is simple, as morals should be. Culture is local, but usually defined by external forces.

Spinning through Time

The distaff is embedded in humanity. Nearly every culture with a history of figurative depiction produced images of spinners with distaffs. The King James version of the *Holy Bible* (Proverbs 31:19) states: *She layeth her hands to the spindle and her hands hold the distaff.* A poignant 12th-century image of Eve spinning with a distaff appears in *The Hunterian Psalter.* Throughout history, spinners were the subjects of countless sculptures, drawings, paintings, prints and photographs. Spinning makes a lovely composition, yet touches on a primary aspect of life.

In Roman mythology, the three fates, or *Parcae*, controlled each person's destiny. Nona would spin the thread of a person's life from her distaff. Decima would measure out the length of thread equal to the measure of life allowed. Morta would cut the thread, determining the means of a person's death. Spinning and thread were metaphors for life itself.

Whatever it might be called, an object filling the function of the distaff was present in virtually all cultures. For most, it was a simple tool which remained relatively simple. For others, it became a form of cultural expression, representing traditions stretching over centuries.

The Working Distaff

Before we get carried away celebrating the makers of distaffs, let's not forget the spinners. After all, they spend much more time with the distaff than the maker. Hand spinners are working today, lots of them. They choose to spin and weave, touching the past, understanding the task, and finding merit in creating their own yarn.

When Veronika Rasteniene was photographed spinning in 1959, fabric was readily available. She is clearly a master spinner, and knows her distaff well. How much did she spin in the 1950s? Did she spin only for special textiles? It takes miles of yarn to make a single garment.

At far right are recent photographs of Midge Jackson working flax from three different distaffs. Midge knows flax well, having processed, spun, and woven that most difficult of fibers. As the photographs show, she lets the wheel pull the flax from the strick while she drafts with her left and controls with her right. The distaff holds the organized fibers, allowing them to feed smoothly. Attaching the flax to the distaff is known as *dressing* the distaff. An art unto itself, a well dressed distaff allows the fibers to flow continuously.

Beauty for the Beholder

There is no *need* for a distaff to be carved or painted. Decoration does not improve the efficiency of spinning one bit. Perhaps it helps relieve

Albert Anker, *La Reine Berthe et les fileuses*, 1888.

the tedium and provides the spinner with an expanded sense of self worth. Spinning is generally considered to be the most tedious job in creating a textile. It must be done with perfection, or all is for nought. Those devoting such a large part of their lives to such a singularly monotonous task need to be reminded that their efforts are toward a valid goal. A beautiful distaff reminds the spinner, in a sense, that they *too* are beautiful and appreciated.

Veronika Rasteniene spinning from a footed distaff. Degutiniu, Lithuania, 1959, photograph by S. Vaitkus. Courtesy of the Lithuanian Art Museum.

Right, top to bottom:

Midge Jackson spins flax from a footed Russian distaff, using a spinning wheel.

Preparing to spin flax from a Serbian long form distaff.

Spinning flax from a Swedish distaff, using a spinning wheel.

Only the necessary is beautiful.
—Carlo Lodoli

The necessary can not be judged beautiful, but only right or consistent.
—Immanuel Kant

A battle rages quietly. Adherents to the philosophies of material culture want, ultimately, to carefully construct the history of every item made by human hands; a lofty and challenging goal. The greater goal is to interconnect the history of these items; a daunting task.

Folk art *aficionados* want the option of appreciating objects outside the constraints of culture and history. They want some measure of control in interpreting objects. The difference between the two schools is more dramatic than it sounds, particularly for those closest to the fray.

The problems begin with objections. Followers of material culture object to works being taken out of historical and cultural context. They sense a danger in objects being romantically redefined. Museums, curators and collectors want to establish their own context. Further complicating matters, material cultural context is altered and expanded when objects are brought together in collections: a new culture, a new context.

What does this have to do with distaffs? Everything. As beautiful tools with strong cultural associations, distaffs live precisely at the intersection of folk art and material culture. In this book, distaffs are placed in a cultural context, while respecting their standing as individual objects. Each distaff has a place within its local culture, the region of its creation, the nation of origin and the world as a whole. Each distaff maintains a separate identity, speaking of both the maker and the recipient, and telling an individual story. Walking in the middle of the road is a splendid way to get run over, but it does allow options. Understanding distaffs, their use, and historical significance, is illuminating. Yet, we must also allow ourselves to appreciate them as beautiful objects, free of historical encumbrance.

The Oar—The Woman—The Fountain

Odysseus was told to carry an oar inland until he came to a race that knew nothing of the sea (or the identity of the oar), and there to plant it as a tribute to Poseidon. Removed from context, without a purpose, the oar becomes an undefined, nonfunctional object. If it is a beautiful oar, as most are, then it becomes solely a sculpture. The oar, like the Woman of Willendorf or Duchamp's Fountain (Urinal), placed on a pedestal in perfect light, and out of historical context, becomes an undefined wonder. We don't need to understand the object to be mesmerized. The mystery is part of the beauty.

Like Odysseus's oar, distaffs have, to a large degree, lost their original function. They can still be used, but their efficiency, compared to commercial thread mills, is about the same as that of the oar compared to water jet propulsion.

Folk Art

The phrase *folk art* conjures favorable images: poignant, humorous, beautiful, charming. People love folk art because they perceive it, to a large degree, as more comfortable than fine art. Folk art seems more *real*. The lack of artifice has appeal.

Does folk art avoid the burdensome baggage of fine art? After all, how can you truly understand de Kooning without knowing Picasso, Picasso without knowing Cezanne, Cezanne without knowing Corot? It is intimidating. Yet, seeking simplicity, we set aside reality at our own risk. Folk art is just as complicated as any other field of interest, we only pretend otherwise, feigning comfort in our lack of knowledge about what we *perceive* as simple things.

Sadly, in common usage the phrase *folk art* is broad based and ill defined. Like cell phone snapshots, instant judgements are rendered millions of times each day. *Of course it's folk art!* How is the definition of a phrase controlled under such circumstances? Like the hydra, when one interpretation is struck down, two spring up in

French milk pitcher from the Savoie Region, circa 1890.

its place. We can't cauterize each failed usage, hoping to find a single definition. Language doesn't work that way. Language evolves. Definitions change. In an effort to refine usage, we search for new words or phrases, describing works as non-academic, untrained, self-taught, tribal, peasant, primitive, native, naïve, or outsider. Some of these terms are technically accurate, if limiting; others are misleading, dated, wrong or simply insulting. Terms used to refine *folk art*, or break it down into sub-categories, become complications to something which begs for simplicity.

Making matters worse, folk art has been caught stealing. Objects which were formerly the responsibility of anthropologists and archeologists are being recast as folk art. Ancient objects, removed from their cultures and elevated to imagined status, become the subject of fantastic tales. Stories replace facts; adoration replaces respect. We cringe at the apocryphal tales, perpetuating aberrant myths. Wrong time, wrong culture, wrong use—little more than diseases spread by word of mouth.

Material Culture

The study of material culture is crucial, genuinely unavoidable. It defines our relationship to mankind's creations. On many levels we must appreciate the brilliant white light of comprehensive historical research. Beyond any doubt, part of the beauty lies in knowledge.

Placed in context, the object on the pedestal is now in a *new* light. Stonehenge is impressive, but understanding its age and purpose makes it amazing. Every object is a miniature Stonehenge, with a little story of its own, and mysteries to be discovered and solved.

Unfortunately, the phrase *material culture* frightens many. Inherently anesthetizing, it smacks of clinical interpretation, the antithesis of what most want in folk art. We have to work to understand the object, since it now exists within a complex historical framework.

Not everyone wants comprehensive knowledge. Few want it forced upon them as the principle product. Excess of information, which we each define individually, numbs the mind. Too much information. Anyone may be its victim. How do we present an object in context without dumbing down or overloading the viewer?

Accepting the headphones when viewing a museum exhibition moves us into the realm of material culture. The works are placed in context; art history as the material culture of fine art. Declining the headphones suggests that either we know everything there is to know about the subject (unlikely), or that we want to focus on the merits of individual works, rather than their collective history.

An art historian can provide a work with a stylistic pedigree rivaling the most comprehensive genealogical tables. An art historian will tell you that this is deeply relevant, yet retain the ability to set it aside in personal awe of a masterwork. We can value established cultural context, and yet truly appreciate individual quality and the *aesthetic object*.

Have nothing in your house that you do not know to be useful, or believe to be beautiful.
—William Morris

Take Two

Let's consider two examples. A milk pitcher is a functional object; it holds milk. As long as it does not leak, and pours well, its primary job is done. It needn't be beautiful, but the example at left was clearly made to please its maker and, hopefully, the buyer. The milk is indifferent to the decoration, yet we perceive, with no logic, that the milk this pitcher pours is somehow better. "Happy milk," if you will. It isn't sensible, simply enjoyable.

Our second object is not functional, serving no direct purpose, except perhaps as a paperweight. It is a coconut shell, carefully carved on the outside, sectioned, rejoined with hinges and embellished internally with charming scenes relating to a Mexican wedding; an unpretentious Fabergé egg. By seeing it, we know more about the intricacies of a Mexican wedding, or at least a wedding in the region of its origin. As an object, its charm shouldn't escape the anthropologist, even as he interprets its content. Material culture does not always know how to approach charm.

Both objects, one functional, one not, were created by artisans, within their respective countries, following established cultural traditions. This is one of the better benchmarks in defining one type of folk art.

Simple Complications

Everything is precisely as complicated as we allow it to be. There are no practical limits to the depths which may be plumbed. The more we see, the more we learn and the greater our understanding should be. Since we inevitably interpret objects in the context of what we have already seen and learned, our ability to understand increases with experience. Carburetors or Caravaggio, we all have areas of personal interest and corresponding expertise. If we wish to communicate our enthusiasm (or need) with others, we must used a shared language. That language is precisely as complicated as the individual conversation dictates.

How hard should we work to understand folk art and its relationship with material culture? One day, all collectors have their moment of revelation. They are being provoked towards the acquisition of knowledge. They need to know more about what they collect. The advice to novice collectors never alters. Build your library, read it, and move forward. Information is valuable. Whether or not you should dump that information on every person who beholds your treasures is a different matter.

Context is indeed significant. Both beauty and emotive content matter. The presence of the object balances against the weight of its history. The challenge? Not allowing the blinding light of precise research to distract us from the glowing river of creativity.

Mexican carved coconut with wedding related scenes, circa 1930.

Russia is the largest country with an extensive history of distaff production. While rare, Russian distaffs are the type most frequently encountered, and the most thoroughly documented. Government museum expeditions (primarily in the 1950s, 1960s and 1970s) collected superb examples of folk art, including many distaffs. Housed in various Russian museums, these collections have been the subject of extensive study and exhibition. The State Russian Museum in St. Petersburg has produced two distaff exhibition catalogues, one in Russian with English language notations and the other almost entirely in English. Russian folk art books routinely discuss distaffs as a distinct folk art form. Publications from other nations often give only casual mention, if that.

As in many countries, personal objects in Russia were often decorated. The artistic movements which shaped the designs of Western Europe made their way through the Russian countryside, albeit at a slow pace. Movements arrived late, often staying well past their time. Large scale architecture set the pace, but rural Russia was a world unto itself. Works often display a mix of classical art styles as interpreted by local artisans. Many Russian distaffs are imbued with a sense of religious faith, particularly as related to church architecture and decoration.

The isolation of rural Russia made folk art, as an outside commodity, uncommon. Representatives of affluent culture in 19th-century Norway appreciated folk art as a defining nationalistic expression. The equivalent upper class in Russia was obsessed with high art and craft. The Russian elite saw folk art as backwards; an embarrassing fact of life. Consequently, most Russian folk art items were intended for local or regional consumption. After the 1917 Revolution, folk art would (ironically) take center stage as celebrated populist efforts.

In rural Russia, every man developed basic carpentry skills. Each village would normally have at least one professional carpenter and perhaps a substantial workshop. Were these distaffs the efforts of individuals for family members, a professional carpenter to sell to regional customers, or a workshop hoping to make a living for an extended family? The answer to all three questions appears to be *yes*.

Some distaffs are so similar, and documented in comparatively large numbers, that a workshop origin appears beyond question. The Borok and Puchuga distaffs (see below) are a case in point. A distaff requiring extensive carpentry, carving and painting, would logically have these tasks performed by specialized artisans working in a collaborative setting.

Other distaffs, within a style, are clearly related in form and decoration, but show less similarity in appearance or construction.

Two Russian distaffs, from the villages of Borok and Puchuga, demonstrate workshop level construction and similarity of form and decoration.

Russian Centers for Distaff Production

This map was published in the early 20th century.

1. Borok & Puchuga, Archangel

2. Palaschelye, Mezen River, Archangel

3. River Uzola, Gorodets

4. Makarovo, Yaroslavl

5. Sedera, Yarlslavl

6. New Lagoda, St. Petersburg

7. Denisovskaya, Vologda

8. Pakhtusovo, Vologda

9. Griazovets, Vologda

10. Konevo, Kargopol, (formerly) Olonets

11. Vytegra, Kargopol, (formerly) Olonets

12. Shenkursk, N. Dvina, Archangel

Russian carved ladle with painted decoration, mid 19th century, middle Volga region.

Not always combining master level carpentry and decoration, they still display a high level of talent. This suggests the efforts of a small workshop or professional individual.

Yet other distaffs have a primitive charm that suggests the talents of neither a professional carpenter nor a master painter, but rather a competent craftsman, perhaps working to create a distaff he might not be able to afford. These distaffs often display the charm of *naïveté* highly valued by folk art collectors.

Assigning a point of origin to a Russian distaff can be humorously difficult. Shifting political borders and conflicting geographical terms challenge the researcher; ironic, since rural carpenters were largely unaffected by the tumultuous politics of their day. Centers of distaff production are often referred to rather obliquely, using terms like *between the two rivers of* and *from the northern river region*. While cryptic, these phrases acknowledge the rural nature of distaff production and the preeminent importance of rivers. Russian distaffs were created in numerous locations over enormous areas; not surprisingly, they display a remarkable range of form and decoration. References suggest that there are between thirty and forty distinct styles. Some are relatively common and well documented; others are remarkably rare.

Distaff decoration is not necessarily a direct extension of decoration appearing on other objects from the same region. If form follows function, decoration follows form. The distinctive carving and painting on the ladle from the middle Volga region (opposite) has no parallel in distaffs from the same region. The same is true for the painted chest (below) from Archangel province, although some Archangel objects do share decorative subjects with Borok and Puchuga distaffs.

Working in relative isolation (whether an individual or workshop) and under extremes of weather, makers of Russian distaffs created a wide range of remarkable objects renowned for their beauty and functional practicality.

Russian chest with metal and painted decoration, late 19th century, Zasulye Village, Leshukojskoye District, Archangel Province.

Distaffs from the villages of Puchuga and Borok, on the Dvina river in Shenkursk District, are instantly recognizable. Thoroughly documented, they are often attributed to their workshop of origin, or even a specific master. Workshops were usually formed from extended families.

The Kuznetsov family workshop dominated in the village of Puchuga. In Borok, the most prominent family was the Amosovs. In addition to distaffs, the Amosovs also painted illuminated manuscripts. Unlike their competitors, they preferred British-made paints and varnishes. Their distaffs tend to have lighter background colors.

The style of decoration on the front of the shaft helps distinguish between Borok and Puchuga. In Borok, the plant stem on the shaft is straight, tapering from bottom to top. In Puchuga, the plant decoration on the stem flows loosely, following the cuts in the shaft segments.

Early examples show greater variation in decoration; each distaff was more personalized. Distaff decoration evolved to a relatively consistent appearance. Later examples, such as those shown in this section, seem more repetitive, although always vibrant and humorous.

When new, these distaffs were expensive, highly desirable and a source of pride. An exception to the local-use rule, they were made in relatively large numbers to meet the needs of a market stretching beyond the immediate region.

Construction

Virtually all distaffs from this region are made from a single piece of wood. A section of birch or spruce is harvested where the root meets the trunk. Only this portion of the tree provides a suitable piece of wood. Once cured, the wood is cut to shape. The form is organic, with rounded edges and flowing lines.

Common characteristics include a row of topknots along the top edge of the blade with two *bottom knots* at the bottom corners. The back of the blade is often beveled to be thicker in the center, adding stability to the wood. The thick stem is ornately carved with a series of four circular elements leading down to the long foot, which tapers in thickness while broadening in width. Adze marks are commonly seen on the feet.

Decoration

Quality of decoration varies; in superior distaffs the painting is remarkable. Stencils to lay out designs were, at times, shared between workshops.

The pervasive floral decoration and rigorous borders take inspiration from both illuminated manuscripts and carpet design. An unmistakable sense of *horror vacui* permeates the work.

The blade front is divided into sections. The bottom section usually features a horse-drawn wedding sleigh. Above the sleigh, in the middle part, is a complex multi-sectioned area which includes a Tree of Life image, replete with birds, most closely resembling partridges. Other avian and floral elements appear in adjacent sections. A floral center, flanked by images of windows, decorates the blade's top section. Both sides of the blade usually have borders of colorful triangular sawtooth-like elements.

On a quality distaff, all the top and bottom knots will be decorated with floral or avian images. The best distaffs have such decoration on both sides. The back of the blade has two decorated sections. The lower section will have a horse, sometimes with sleigh. The upper section has floral elements. A central spot has limited decoration. While it is said that this spot could be used for a mirror or devotional print, no distaff seen shows direct signs of such use.

The shaft is primarily decorated with floral elements, although the occasional bird will make an appearance. The top shaft element often has a more complex floral decoration, resembling a compass rose. The type of paint used varied, with oil paint and egg tempera being the most common. Gold leaf decoration became popular towards the end of the 19th century.

хозяюшка обрадна

Left

Dimensions: 31.6" x 8.4" x 19.2"

Age/date: Early 20th century.

Construction: One piece of wood with painted decoration.

Origin: Puchuga Village, Kuznetsov workshop.

The distinctive red foliage on this distaff strongly suggests the work of Fyodor Kuznetsov or his workshop. The top of the back side of the blade appears to be by another hand, suggesting division of labor. Note the elegant use of space.

Right

Dimensions: 35.9" x 10.0" x 21.7"

Age/date: Late 19th century.

Construction: One piece of wood with painted decoration.

Origin: Borok Village.

This distaff is slightly larger than most from the region. The bottom border on front bears a line of endearing text which reads something like: *Beautiful face of amazingly attractive hostess* or *Amazingly uncommon, the hostess is tidy and beautiful.*

Left—back of blade.

Right—back of blade.

Left

Dimensions: 35.5" x 9.8" x 22.3"

Age/date: Circa 1900.

Construction: One piece of wood with painted decoration.

Origin: Puchuga Village, Kuznetsov workshop.

The painting style strongly suggests the Kuznetsov workshop. The flowing floral elements on the shaft are indicative of Puchuga village. On the lower back panel, a beautiful orange horse is followed by a charming blue dog.

Right

Dimensions: 34.8" x 9.5" x 21.9"

Age/date: Late 19th century.

Construction: One piece of wood with painted decoration.

Origin: Borok Village.

The blade front features large birds and distinctive floral flourishes, with red tree-like forms. The windows in the top section contain floral elements. The round faced coachman looks at the viewer.

Left—back of blade.

Right—back of blade.

изрядна хозяюшка

Mezen River distaffs originate in Palaschelye village in Leshukonskoye District, Archangel Province, very near the Arctic Circle. The Mezen decorative style was developed in the mid 19th century. The decoration is apparently inspired by pre-historic rock pictures found in Northern Russia. Few distaffs styles are as consistent in form and decoration. Like distaffs from Borok and Puchuga, distaffs from Palaschelye were workshop products, produced in relatively large numbers. They were popular over a large area. Production was not for local consumption alone.

Construction

Virtually all Mezen River distaffs are made from a single piece of wood. The blades and shafts have carefully sculpted edges; top knots are shaped to resemble the onion domes common to Russian Orthodox churches. When made from good stock, the angle between shaft and foot is a rigorous ninety degrees. Mezen River distaffs that lean forward are considered inferior. The worst will fall forward, rather than stand unaided. This variation in structural quality suggests some workshops compromised on the quality of wood selected. This implies that there were 'low end' distaffs, or that demand compelled makers to use inferior wood on occasion.

Decoration

The blade front is divided into a series of horizontal bands. The largest band normally contains two rows of three to five horses each. On spindly legs, they run from one side to the other. A single horse (sometimes a pair) is usually found at the base of the blade. The decoration in other bands varies widely. Windows with plants compete with fat black duck squiggles. Most bands are divided by zig-zags, checkerboards or diamonds. The compartments created by these patterns are often filled with minutiae. Some seem purposeful; others are mark-making to fill space. Slightly less busy than the front, the back of the blade places emphasis on a central image, usually portraying one or two horses. Occasionally a boat, or hunting scene, is found. The example below shows a horse surrounded by bizarre flying creatures, perhaps the legendary insects from the long days of a Russian summer.

Early Mezen River distaffs were decorated with river clay for the red pigment and soot for black. Each was mixed with larch resin as a binder and adhesive. A coating of oil would seal the surface, making it darker and richer in color. Time darkened them further still. Red lead paint supplanted red clay in later examples. At the end of the productive period, as in the example on page 33, the decoration sometimes becomes completely abstract and largely geometric.

The use of horses as decorative elements reflects a common aspect of Russian society, and many other 19th-century societies. Horses weren't just beautiful and elegant subjects for decoration, they were expressions of wealth and success. A bride with a distaff full of horses might hope that her family's herd would grow as well. She would have plenty of time to contemplate the hopeful herd during her endless hours at the distaff.

Detail of the back of a Mezen River distaff showing a horse surrounded by enormous flying creatures.

Far left

Dimensions: 40.4" x 8.5" x 23.5"

Age/date: Circa 1850-1880.

Construction: One piece of wood; carving with painted decoration.

Two stallions battle for control of the herd at the base of the blade. A window with plants, at the top of the blade, is reminiscent of decoration on Borok and Puchuga distaffs.

Left

Dimensions: 40.3" x 8.6" x 20.8"

Age/date: Late 19th century.

Construction: One piece of wood; carving with painted decoration.

Dense drawing gives this distaff a dark and somber appearance. The black, soot-based, pigment is applied with a goose quill. Even the front of the shaft is heavily decorated.

Right

Dimensions: 38.2" x 10.1" x 23.3"

Age/date: Dated 1923.

Construction: One piece of wood; carving with painted decoration.

The decoration on this distaff from the 1920s is remarkably consistent and well designed. While the rows of horses remain, they have been reduced to feather-like glyphs floating over virtually disembodied legs.

Distaffs of this style originate on the River Uzola, Gorodets Region, Balakhinsk District, Nizhny Novgorod Province. Early examples are decorated with a primitive intarsia of contrasting woods. By the mid 19th century, the decoration switched from intarsia to painted scenes. In the late 19th century, the outdoor scenes found on earlier distaffs are replaced by scenes of indoor revelry. Distaffs of this origin are rare, suggesting a smaller, or more remote, market. Similarity of form and complexity of construction suggest a workshop environment, although the decoration seems less rigorously compliant in execution than workshop distaffs from other regions. With the blade removed, the base could be hung on the wall and enjoyed as a painting.

Construction

Gorodets distaffs are relatively complex in construction. The seat and the base of the socket are made from one piece of wood. The top portion of the socket is carved from a second piece of wood and attached to the base. Elegantly shaped, the socket has gently curving sides as well as stepped carving adjacent to the seat. The blade (which resembles a dense comb) and the shaft are one piece, sliding into the socket. A wooden shim prevents motion of the blade.

Decoration

As mentioned above, decoration on these distaffs evolved from intarsia to painting during the 19th century. The foot painting is executed directly on the wood. Imagery is usually divided into two sections, an interior figurative scene at top (adjacent to the socket) and a second, unrelated, floral or avian image at the bottom.

The sockets are usually decorated with stylized flowers, birds and horses. Often painted on paper, it is uncertain if they are painted before or after the paper is glued to the socket. Applying paper to the wood helps conceal the joining of the lower and upper sockets.

Dimensions: 22.3"x 12.3"x 30.4"

Age/date: Circa 1870.

Construction: Three pieces of wood, base and upper socket joined, with painted decoration; paper applique on socket. One piece blade/shaft.

Representative of the later phase, the primary subject is a military man, with a girl on each arm, in a ballroom-like setting. Below a central decorative band is a second image with two fantastic birds in apparent confrontation. This second image parallels the scene at the base of the next distaff (page 36 left); perhaps representing a cockfight, as a metaphor for masculine competition.

This detail of the socket decoration shows a horse painted on paper applied to the wood. Note the printed letters showing through the paint at the lower crack.

Yaroslavl Province, about 150 miles northeast of Moscow, is home to a variety of distaff styles. One style, shown here, is among the most distinctive of Russian distaffs. Known as a *tower distaff*, the form resembles a swan swimming or a lady bowing. The 'bowing' theory gains credence when considering the top of the diamond shaped blade, strongly resembling a married woman's headdress. The outer elements at the bottom of the through-carved portion of the blade resemble horses' heads. Stylized birds appear in the tree above. Decoration on this style of tower distaff is relatively consistent, strongly suggesting a workshop origin. A Hapsburg eagle is often depicted on the blade, above the narrow waist. A clock tower appears below the waist. Next, a pair of women stand at a table with a samovar between them. Russian authorities state that the date of a distaff's creation can be determined with remarkable accuracy based on the style of samovar depicted. The bottom section may have two birds in a confrontational pose, reminiscent of those at the base of the Gorodets distaff on the previous page. The example at left, painted green, is atypical. Most examples of this style (like the distaff on the right) are not painted.

A second Yaroslavl style, (page 38, center), also referred to as a tower distaff, has an ornately carved tapering shaft strongly suggestive of a windowed tower. The small blade is carved in a related manner. While many examples of this style are found in references, the variation in decoration is such that a single workshop source seems unlikely. They are probably the product of talented individuals taking their inspiration from early church towers.

A third style, with numerous variations (page 38, left & right), is distinguished by long narrow shafts topped by diminutive blades. Clearly derived from multiple sources, frequently without precedent, these distaffs may be the creation of individuals exploring within a regional form.

Prominent holes in the blades of most Yaroslavl distaffs allow for the insertion of spikes of wood or iron to help hold the fiber in place.

Left

Dimensions: 29.7" x 8.1" x 32.5"

Age/date: Mid to late 19th century.

Construction: Originally one piece of wood with carving, through carving and paint. A second foot was pegged (at a later date) to the original base.

Distaffs in this style originate from northern Yaroslavl Province, primarily from the districts of Danilov and Liubimov. The blade has a Hapsburg double-headed eagle. Moving downwards, as the neck taper widens there is a carved circle with numbers intended to represent a clock within a tower-like structure. Below that, two women stand at a table with a samovar between them. Two roosters on chair-like pedestals confront one another at bottom.

Right

Dimensions: 30.8" x 7.7" x 32.5"

Age/date: Late 19th century.

Construction: One piece of wood with through carving and carved decoration.

Clearly from the same origin as the first example, this distaff has very similar decoration on the through carved section at the top of the blade. The balance of the decoration is related to, but different from, the green example. The Hapsburg eagle is not present. In its place, the blade contains the clock element of the tower, giving it prominent attention. Below the clock is a cross-like element over-crossed by curved geometric bands. The balance of the double tower is located below the waist. Below the tower are the two ladies with a samovar. The base decoration of confronting birds is absent, with the bottom portion on this example having a broad double band of slanted lines.

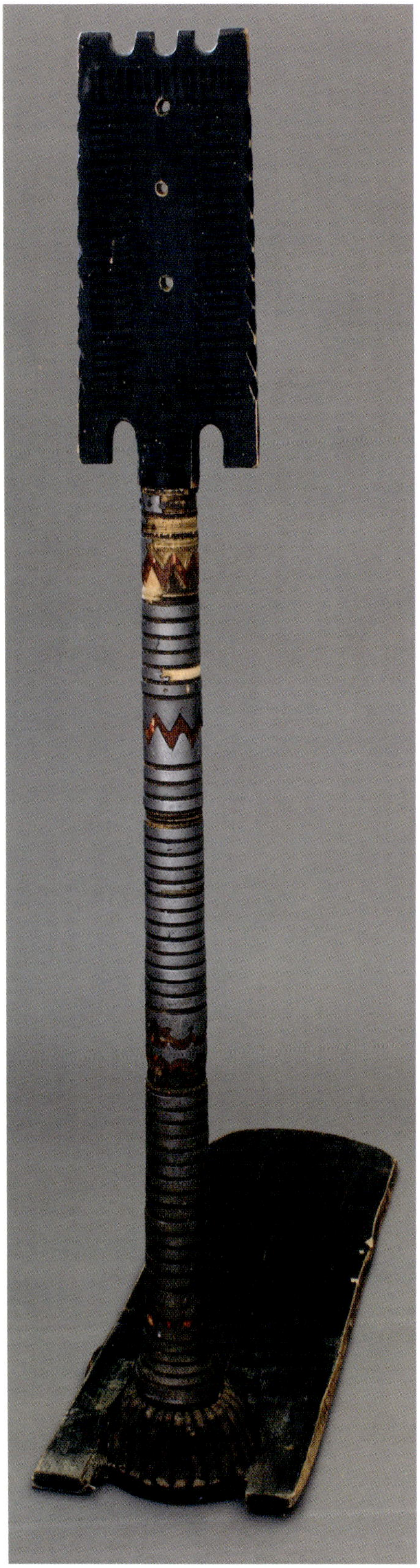

Left

Dimensions: 31.6" x 6.2" x 23.8"

Age/date: Late 19th century.

Construction: Three piece construction, wood, metal and painted decoration. The base and socket are one piece. The shaft's cylindrical end fits into the socket. The blade is notched into the shaft.

This unusual distaff has no comparable examples in the references. Minimal use of color places emphasis on form. The socket on the base is fluted. The shaft is carved and partially painted red. Metal bands cover the majority of the shaft. Some bands are plain, others bands are cut with patterns, revealing the red painted wood underneath. Each band, of progressively smaller size, was slid on the tapering shaft and tapped into place; difficult to achieve with such regular spacing. Painted black, the small paddle is neatly carved with a subtle geometric pattern. The base is also painted black.

Center

Dimensions: 26.3" x 5.3" x 26.6"

Age/date: Circa 1850-1900.

Construction: Two piece construction. The blade and shaft are one piece of wood, decorated with engraving and chip carving. The base is carved separately.

This second distinctive *tower* style, with small blade and ornately carved shaft, originates in the Sereda district and northern Nekrasovo district. The blade front has precisely carved decoration. The shaft is carved with remarkable precision on all four sides. The fan pattern used is suggestive of windows. At the juncture of shaft and blade the engraved lines seem to resemble a knotted rope. In keeping with regional tradition, this distaff shows no signs of having been painted.

Right

Dimensions: 28.2" x 4.3" x 21.8"

Age/date: Mid to late 19th century.

Construction: Two piece construction, wood, metal and painted decoration. The base and socket are one piece. The shaft's end fits into the socket. The blade appears to be one piece with the shaft.

The finely turned shaft appears to be one piece with the paddle. A single metal ring, nailed in place on the shaft, appears to be an embellishment rather than a repair. A floral pattern decorates the blade front. The blade is notched on the sides and has simple flares on the bottom edge. The back of the blade is undecorated.

Distaffs of this distinctive style originate from Spasovschina in the New Lagoda District of St. Petersburg Province. The consistent form and decoration indicate a workshop environment. These distaffs are relatively rare and, presumably, intended to meet market needs primarily within the New Lagoda District. The two examples shown, very close in size and appearance, may well come from the same workshop.

Construction

A relatively small elongated blade sits upon a sophisticated turned shaft. The blade form is distinctive, with elegant shaping giving the appearance of a familial crest. The blade top features two counter-volutes creating a closed, badge-like, space related to window frames in the Spasovschina area. Two additional volutes appear at the bottom of the blade. Simple surface carving accentuates the form. The blade is notched into the shaft. The base of the shaft is often threaded, screwing into the threaded socket, which is usually one piece with the base. The foot is thoughtfully shaped.

Decoration

The decoration on this type of distaff is well designed, but notably repetitive. A central floral image is surrounded on the bottom and sides by a blocked out area of solid color containing an inscription. The lettering appears to be applied with stencils, but is probably hand written. The writing presumably indicates the name of the recipient, and was probably applied at the time of purchase. The inscription area is further surrounded by floral elements applied on a solid background color. The back of the blade is painted a solid color with a circular reserve on the lower half, containing a floral element. The turned shaft is painted in multiple colors; the foot is usually monochrome.

Dimensions: 34.8" x 7.5" x 26.5"

Age/date: Late 19th century.

Construction: Three-piece construction, wood with painted decoration. The base and socket are carved from one piece of wood. The shaft is turned and painted, and the end threaded to fit the threaded socket. The blade is carefully shaped at the stem and notched into the shaft.

Dimensions: 34.5" x 7.7" x 25.1"

Age/date: Late 19th century.

Construction: Three-piece construction, wood with painted decoration. The foot is formed from one piece of wood and painted. The shaft is turned and painted. The blade is hand carved and notched into the shaft.

This distaff, and the previous one, match closely with documented examples in the collection of the State Russian Museum, St. Petersburg. On this example, the socket is not threaded. Nails were added over time to keep the foot and shaft joined. The spindle joins to the shaft by a notch. The writing has muted in color to the point that it almost matches the bluish background, thus making reading difficult. The paint is worn from age, but has a remarkable patina. Two holes on the center line of the spindle accommodate spikes which aid in holding the fiber in position.

Vologda Province is about 250 miles east of St. Petersburg and the same distance north of Moscow. Vologda is a large province, substantially larger than Bulgaria; several distinct styles of distaff originate from its various districts. Most styles rely heavily on carved decoration.

While many distaffs from Archangel appear to originate in workshops, those from Vologda are less repetitive, perhaps made by individual makers, rather than workshops. Most Vologda painting is relatively simple, suggesting it might be done by a carpenter, rather than a master painter.

Attributions are challenging, as northern Vologda, and parts of Karelia and Archangel, were considered part of the former Olonets Province. Consequently, some distaffs from Vologda might have been, historically, from Olonets. Historians disagree on how to handle this issue. Some insist on assigning distaffs to the area existing when they were created, while others assign distaffs to the region as it is currently defined.

Construction

Most distaffs from Vologda are made from a single piece of wood. The majority are unpainted or given minimal color treatment, although this varies from district to district. The Tarnoga style has a very large blade on a short shaft. The blade acts as a display area for remarkable carving, which spills down the shaft.

Distaffs from Totma, such as the two shown here, have small blades on long shafts. The center of the blade is normally dominated by a large single rosette, set within borders having quarter fans at each corner. Rows of topknots decorate the blade and well-shaped volutes, or suggestions thereof, are at the bottom blade corners. Shafts are rarely given extensive decoration.

Griazovets (Gryazovets) distaffs are quite different, with broad shafts (essentially boards) tapered to a neck which separates shaft from blade. The blade/foot juncture is usually dovetailed or pegged.

Decoration

Decoration in most districts relies heavily on carving. The distaffs from Tarnoga are testaments not only to carving skills, but also to remarkable design. In Totma district, carving also dominates. Although more predictable than the Tarnoga style, Totma distaffs still display vibrant decoration.

Distaffs from western Griazovets district have remarkable through carving combined with surface carving and complementary paint. Those from eastern Griazovets forgo surface carving in favor of floral-painted decoration, often applied with stencils. Of the Vologda distaffs, the relatively repetitive eastern Griazovets style seem most likely to be the product of workshops.

Detail of blade from distaff at far right, page 53.

Dimensions: 38.9" x 11.8" x 20.8"

Age/date: Late 19th century.

Construction: One piece of wood, chip carved and painted; metal repair.

This large-bladed distaff is from the Tarnoga District and probably from the village of Denisovskaya. It may be the work of Stepan Ogloblin.

The blade front is ornately carved with rigorous geometric patterning. Two triple-lobed elements, with fan patterns, sit on a field of divided squares. The front of the shaft is carved with fan rosettes, except at the top of the shaft where there is an area of cryptic carving. The back of the blade has four fan rosettes at top and three at bottom. Two more rosettes decorate the back of the shaft with a raised zig-zag element flowing from the shaft to the top of the foot. The sides of the shaft/foot juncture also display rosette decoration. Much of the distaff was painted with red paint, although wear has reduced its visibility. The center of the blade back was left unpainted.

Variation in decoration suggests that these distaffs were the work of individual masters, and this distaff is a masterwork. No two referenced examples appear quite the same, although certain traits were presumably the property of individual makers. Dedications and writing are uncommon on this style of distaff.

Dimensions: 38.1" x 10.8" x 20.8"

Age/date: Late 19th century.

Construction: Two pieces of wood (not counting repair) with chip carved decoration.

Also from Tarnoga District, this large-bladed distaff was never painted. The blade front is carved with a variety of geometric patterns. At center is a large star/cross rosette with two similar, but smaller, rosettes above and below. This area is bordered with geometric carving. The topknots and drop downs are all carved on the front. The shaft front is also carved. The pattern is largely bilaterally symmetrical along the vertical axis.

On the back of the blade, only the drop downs are carved. A (presumably) native repair near the bottom stabilizes an old split.

The blade, shaft and foot front are one piece. A second piece, notched to mate with the truncated foot, completes the form. The two pieces are joined with wooden pegs. The notched piece could be a repair, but may also be original, intended to extend a smaller piece of primary wood.

The single hole would be used to tie a ribbon or string to hold the fiber in position. Such a large blade could certainly accommodate an enormous amount of fiber. How often did the spinner dress this distaff? The carver may have labored over this remarkable distaff for weeks, but the spinner spent a lifetime sitting on the distaff's foot, spinning countless miles of yarn.

Left

Dimensions: 34.8" x 7.5" x 19.2"

Age/date: Early 20th century.

Construction: One piece of wood with surface carving and painted decoration.

Slightly tilted, a relatively small blade sits high on a long shaft. The blade is decorated with geometric chip carving. A large central rosette occupies the center, with quarter fan elements in each corner. Above are three circles within squares. The topknots are simple zig-zag cuts. Painted dark green, the distaff sports bright red-orange accents. Perhaps representing flowers, groups of dots run down the shaft front. The back of the blade is uncarved, and has a simple painted floral element at the base. In the place of drop downs are abbreviated volutes.

In spite of the quality of the carved decoration, the tilt of the head and simplicity of paint suggest a less experienced maker. The specific origin within Vologda remains unknown.

Right

Dimensions: 32.2" x 8.8" x 19.9"

Age/date: Late 19th century.

Construction: One piece of wood with surface carving and painted decoration.

This distaff is from the Totma District and possibly from Pakhtusovo Village, as it matches closely with an example in *Traditional Russian Carved and Painted Woodwork* (page 194). The maker is not known, but the craftsmanship on the example shown here is exceptional.

The front of the blade features a large carved geometric rosette with quarter fans. A triangle/zig-zag form, recalling a basketweave, borders these elements. The back of the blade is undecorated, but has what appears to be graphite writing, currently undeciphered. Dense carved geometric patterning, uncommon on Totma distaffs, covers the front of the shaft. Near the top of the shaft front is a single carved and painted rosette. Larger rosettes are located on both sides of the juncture of shaft and foot, showing parallels with the first Tarnoga example.

A rich red paint remains on most parts of the distaff. While it is less evident in normal light, photography reveals that the front of the blade is decorated with blue, yellow and white paint, in addition to the red. Perhaps it was brilliantly colored at one point. Now it displays a rich tonality and patina of age.

Dimensions: 34.8" x 8.6" x 21.2"

Age/date: Circa mid to late 19th century.

Construction: One piece of wood with surface carving.

Dimensions: 35.9" x 7.4" x 20.0"

Age/date: Circa early 20th century.

Construction: Two pieces of wood with surface carving. Joined with a primitive dovetail.

These five distaffs show the range of decoration found in Northern Totma. Many are unpainted, or given a minimal color treatment; the example at far right is an exception. Decoration focuses on a central rosette of varying sophistication. Most are carved from a single piece of wood, although two examples (above right and far right) have unusual dovetail joins between the shaft and foot. The openwork carving on the example at opposite left clearly reflects the influence of architectural elements.

Dimensions: 37.6" x 9.1" x 20.6"

Age/date: Late 19th century.

Construction: One piece of wood with through and surface carving and tinting.

Dimensions: 34.4" x 8.8" x 19.3"

Age/date: Circa 1850-1900.

Construction: One piece of wood with surface carving.

Dimensions: 32.8" x 7.7" x 19.2"

Age/date: Circa 1850-1900.

Construction: Two pieces of wood with through carving, surface carving and painted decoration. Joined with a dovetail.

The example at center above displays the most sophisticated carving of this group. Note that all have similar volutes and shaping of the shaft. The topknots are also related to one another in form, with the exception of the sophisticated topknot treatment on the example at far right.

These two distaffs originate in eastern Griazovets District. They bear a strong resemblance in form to some distaffs from Kostroma Province, but the joining of shaft to foot is different. Examples from the western part of Griazovets District have remarkable openwork carving and are painted to complement the carving.

Left

Dimensions: 30.3" x 6.0" x 23.3"

Age/date: Dated 1928.

Construction: Two pieces of wood, joined with dovetails at the juncture of shaft and foot; painted decoration, partially stenciled.

A clean form, regular construction and symmetrical decoration point to this distaff being a workshop product. The vase is stenciled and the floral painting is almost perfectly bilaterally symmetrical, giving it a static quality. An almost identical vase and flower arrangement, slightly smaller in scale, is on the back of the blade just above the date, 1928. While this distaff is clean and neat, the second example is more dynamic.

Right

Dimensions: 28.2" x 5.6" x 22.0"

Age/date: Late 19th century.

Construction: Two pieces of wood, joined with wooden pegs and nails to extend the foot, painted decoration.

Relatively simple in construction when compared with the example to its left, this distaff is clearly the work of an individual. The gestural brushwork anticipates abstract expressionist painting of half a century later.

As a province, Olonets no longer exists. It was created in 1801 and dissolved in 1922. The assignment of Olonets as a point of origin for distaffs acknowledges historic boundaries existing at the time when the distaffs under consideration were created. When Olonets was dissolved, it lands were absorbed by western Archangel, southern Karelia and northern Vologda. Consequently, distaffs assigned to Olonets were created in villages which now lie within other regions, primarily Northern Vologda and Western Archangel.

Distaffs were made throughout the former province, but only a few areas produced enough distaffs of similar appearance to suggest workshop production. Others examples show substantial variation, while following regional styles. Distinguishing characteristics are fairly hard to lock down. Further complicating matters, a relatively small number of these distaffs are documented; perhaps in part because they are, to some, not the most exciting distaffs, but also because the stylistic variation makes specific attribution challenging.

Construction

No single type of construction dominates, as several varieties of distaff originate from the Olonets region. One center of distaff manufacture, Kargopol, is now in western Archangel, close to the White Sea and the border with Vologda. Most distaffs from this area are distinguished by one piece construction with large blades on short shafts. The front surface of the blade is usually partially decorated with chip carving, which extends down the front of the shaft.

Another type, often classified as Vologdan, but related to Kargopol, has a long relatively narrow blade on a short shaft. This style is rarely decorated with carving.

Decoration

Carved decoration can be found on Olonets distaffs, although it is the exception, rather than the rule. Most Olonets distaffs have painted decoration depicting floral elements. Blades are dominated by potted plants, although plants are occasionally free-floating. Usually bilaterally symmetrical, some plants are notably less constrained than others. While almost all are abstracted, some, as in the detail shown below, are abstracted to the point of being non-representational. Bold brushwork combined with a confident style makes several of these distaffs surprisingly modern, anticipating painting styles of the mid-twentieth century. The range, from compliant and anticipated to bold and unexpected, reveals the striking diversity to be found among distaffs from the region of the former Olonets Province.

Detail of distaff on page 60, left.

Dimensions: 36.2" x 11.5" x 24.4"

Age/date: Dated 1922.

Construction: One piece of wood with carving and painted decoration.

Dated the year that Olonets Province was dissolved, this distaff originates in Kargopol District, probably from the area of Konevo on the Onega. Characteristics include a large blade, extensive use of chip carving and distinctive painted decoration.

The front of the blade is heavily worked with chip carving, extending to the topknots and bottom knots. The central portion of the blade front, which is not carved, has a loosely painted floral composition. The painted chip carving extends down the shaft front. The shaft is carved in a series of six small segments, each distinguished by a change in form and carved decoration. The back has no chip carving. The top and bottom knots on the back are painted in various colors. The back of the blade is divided into three sections by painted bands. The top section has a loose floral device, the center section is blank, and the bottom section bears an inscription which translates approximately as: *The spinning wheel from Paraskovie (Paraskeva)*, followed by the recipient's(?) initials. Below this is the date *1922*. Loose floral elements line the back of the shaft. The green base color extends half way down the foot's top side.

Paraskeva is a religious pilgrimage site in Novgorod, and *also* the name of the Russian patron saint of marriage. Rather than being purchased at Paraskeva in Novgorod, where a very different style of distaff prevails, *this* distaff is probably devoted to the patron saint of marriage.

Left

Dimensions: 37.3" x 8.3" x 25.1"

Age/date: Circa 1900.

Construction: One piece of wood with painted decoration.

A tall narrow blade topped with two sweeping cuts and shallow notches down each side suggests this distaff originates from Vytegra District, currently in Vologda. The sides of the blade are grooved and painted, creating a border emphasizing the decoration. There are no lower volutes. The shaft is carved in a vase-like configuration, suggesting a female form.

Many Russian distaffs have rigorously detailed painting, but this is a masterwork of modernist (intentional or not) painting. The flower vase, at the base of the blade, has been reduced to a pictographic symbol. Out of context, it could hardly be identified as a vase. The flowers and leaves look like a series of flying birds. The color scheme is successful. The blue-black background complements the vibrant orange and soft white. Perched on top is a most peculiar bird. All in all, it couldn't be more satisfying. The shaft front is given a simple cross-hatch decoration while the back of the blade has the usual simple floral spray. The distaff was completely painted, including the foot.

While the form of the distaff seems professional, the paint, charming as it is, seems less so. It could be a homemade effort, or, perhaps the buyer purchased the distaff in an unfinished state and decorated it himself.

Right

Dimensions: 33.2" x 7.2" x 15.8"

Age/date: Circa 1900.

Construction: Two pieces of wood joined with a mortise and tenon type joint at the juncture of foot and shaft; carved and painted decoration.

This distaff, except for the back part of the foot, was painted vibrant blue. Like the example at left, the decorative painting stands apart from the norm. A whimsical plant form rises from a brown vase. The plant is stylized, with little obligation to reality. Some leaves could just as easily be birds. The work would be a source of pride to any modernist painter. It is easy to see how the Russian avant-garde painters were influenced by such objects.

Adding to the charm are the four large topknots, all quartered by boldly carved crosses reinforced with painted decoration. The top portion of the blade, just below the topknots, has bold zig-zag carving, emphasized with paint. The sides of the blade have notches, typical of the province, presumably to help catch the ribbon or cord which holds the fiber in position. One section of the shaft front also has deep carving to add dimension. The design of the shaft is reminiscent of that found on distaffs from Kargopol.

The painting on this distaff is slightly less 'free' than its neighbor. It might have been made and painted by a relatively talented individual as a gift, rather than as a commercial product.

Left

Dimensions: 40.3" x 12.1" x 22.5"

Age/date: Circa 1850-1900.

Construction: One piece of wood with painted decoration.

The large blade on this distaff suggests a Kargopol origin; however, the blade shape (including the top edge) and notching on the blade sides recalls the Vytegra style. The sweeping curve on the blade top is repeated at its base and the end of the foot. The shaft is very short with a single carved step, the base of which has a simple carved geometric pattern on each side. The entire distaff is painted a deep blue-black. The front of the blade bears an elegant depiction of a large potted plant, replete with flowers, blossoms and leaves, bordered in yellow. The composition fills the blade. The bottom of the blade back has a simple triple blossom, also framed with a yellow border. Like many Russian distaffs, this example has adze marks clearly visible on the foot. At the top of the blade, on the right, a single hole provides an attachment point for the ribbon or cord used to tie fiber to the distaff.

Right

Dimensions: 38.7" x 11.7" x 22.0"

Age/date: Circa 1850-1900.

Construction: One piece of wood with painted decoration.

This distaff also has a large blade. While it has side notches characteristic of Olonets, the topknots recall central Vologda distaffs, although without the decorative blade carving. While most distaffs have between six and nine topknots, this one has eleven. By making the topknots 'fatter' they have fared well over the years. The bottom of the blade has relatively simple drop downs at each corner. A triple curve is carved into the end of the foot.

The entire distaff, except the foot, was painted with a thin red-orange base color. The fronts of both blade and shaft were then decorated with a stylized plant pattern. Some colors were layered in thin coats, producing additional colors. The typical notches on each side of the shaft are carefully cut to present the profile of a conifer tree. This style of shaft carving is particularly unusual and not found in known references.

Left

Dimensions: 34.9" x 9.2" x 23.6"

Age/date: Circa early 20th century.

Construction: Three pieces of wood joined with wood pegs and a dovetail joint at the juncture of foot and shaft; painted decoration.

The base of the shaft is dovetailed into the foot. A cut block, intended to give the appearance of one-piece construction, is pegged into place behind the base of the shaft. The blade features ten small topknots. The blade front has a simple *plant in vase* painting, framed in a red border. In each corner, red floral elements butt up against the yellow border. The back is painted ochre with red and green stripes at top and near bottom. An arc of brown paint is placed near the juncture with the shaft. The shaft is carved in a form suggestive of a woman in a dress. The area that would be her face is a little clock (showing a time of 12:28, or thereabouts) symbolizing, perhaps, that time is valuable.

Right

Dimensions: 37.3" x 8.3" x 25.1"

Age/date: Dated 1923.

Construction: One piece of wood with chip carving and painted decoration.

This distaff bears the date *1923* carved on the blade front just above the large chip carved rosette. It looks much older, but appearance is not always a good indicator of age. Although dated the year after Olonets province was dissolved, stylistic similarities with other Olonets examples require it to be included in this section. In reality, the maker was probably unaware that his province had been divided up among its neighbors. Such political machinations would have little effect on regional designs.

Two triangular chip carved sections rise above the large rosette. Each is topped with a chip carved circle; the overall composition suggests a cathedral facade and reminds us of a Lyonel Feininger woodcut. The palette is somber, with a deep blue-green played against a soft sienna brown. The unusual multiple bottom knots at the base of the blade play against the bold diagonal shaft notches commonly found on Olonets distaffs. Adze marks are clearly evident on the blade back (which is painted brown, but otherwise undecorated) and the foot.

The tower forms on this distaff relate to those found on the carved tower distaffs from Yaroslavl. Each takes a similar inspiration from church architecture and, ultimately, early stone bell towers.

The relatively crude form and tilted blade suggest this distaff is the work of a less experienced carver. If the work of an individual, his mastery of chip carving seems to exceeds his general carpentry skills.

Dimensions: 37.3" x 11.4" x 20.7"

Age/date: Circa 1850-1900.

Construction: Two pieces of wood with chip carving and painted decoration.

Dimensions: 38.0" x 9.8" x 24.2"

Age/date: Dated 1904.

Construction: One piece of wood with painted decoration.

These four distaffs all possess side notching on the blade. Three of the four have topknots typical of Olonets; their shaft forms relate to other examples. The distaff at far left shares similarities with the first example in this section (page 59). Its blade was banded with rows of chip carving and then decorated with loosely painted floral elements, floating on a field of deep blue. The other three examples have

Dimensions: 37.7" x 11.4" x 26.9"

Age/date: Circa early 20th century.

Construction: One piece of wood with painted decoration.

Dimensions: 36.8" x 10.7" x 25.1"

Age/date: Circa 1900.

Construction: One piece of wood with painted decoration.

well painted floral compositions common to the Olonets style. Note the prevalent bilateral symmetry. The blades on the examples at right flare slightly towards the bottom. As a group, these are large, well formed and well balanced distaffs. In spite of their relative height, they stand easily on their own.

The Northern Dvina River divides Archangel Province (*Oblast* in Russian) nearly in two, before ultimately spilling into the White Sea at the city of Archangel. With headwaters in Vologda, it is a long (about 460 miles) river, and home to many of the finest craftsmen in Russia. While the Northern Dvina Region includes this river, its tributaries and the lands they drain, these distaffs actually originate along the Vaga river, south of its juncture with the Northern Dvina, primarily near Shenkursk. Shenkursk district is also home to the Borok and Puchuga distaffs. The Northern Dvina variety, as categorized in this section, are perhaps the most frequently occurring Russian distaffs.

In spite of their relative proximity to one another, the differences in form and decoration between the Borok and Puchuga distaffs and the Northern Dvina distaffs are quite distinct.

Construction

Early 19th century Northern Dvina distaffs were one piece; their shafts were carved in a manner similar to the Borok and Puchuga distaffs. At mid-century, they began lathe-turning the shafts. Turned shafts are a defining characteristic of this later style. The blades are relatively large, with topknots resembling spear tips, and similar bottom knots at the lower corners. The topknots are drilled at their bases and then carved or sawn out. The blades are usually notched in two places on each side, below the top and above the bottom.

At the base of the blade is a disk. This *should* be the joining point with the shaft. I say 'should', as reason dictates that the blade could not be connected to the shaft during turning. Close inspection shows no evidence of joining, suggesting perfection in joinery, or evidence that they mastered a technique of turning with only one end of the shaft held by the lathe. One example (page 70, left) is clearly joined, but this may be a repair, rather than original construction. The jury is out. The bottom of the shaft is either shaped out to a tenon, or mortised to receive a tenon/peg, by which it is joined to the foot. The mortise in the foot usually goes all the way through, allowing for the insertion of shims from the bottom to tighten the fit of shaft to foot.

Decoration

Decoration on Northern Dvina distaffs is as consistent as their construction. The base color is usually orange or red. The black example shown on the following page is an exception to the rule. The floral decoration is bilaterally symmetrical, sometimes almost painfully so. While this compositional rule is consistently applied, there is still remarkable variety in the painting style. Some are relatively realistic, while others become geometric abstractions. The stylistic differences probably result from varying approaches by different makers. The variation is such that, like snowflakes, no two patterns are quite identical. This suggests that stencils were not used. Correspondingly, production was probably at small workshops or from the hands of prolific craftsmen, rather than from large workshops or individuals making personal gifts.

The disk at the base of the blade often bears a date (below), presumably painted at the time of purchase. The owner's initials may appear on this disk as well. Occasionally, inscriptions are found at the base of the blade.

1922

Left

Dimensions: 39.1" x 10.3" x 21.3"

Age/date: Circa 1870-1910.

Construction: Three pieces of wood with turned shaft and painted decoration.

An unusual black background and prominent topknots distinguish this distaff. The delicate *geo-floral* painting (with hearts and circles) on the blade front is precisely executed. The bright colors are vivid against the dark background.

As with other examples, there is an unpainted area on the blade back where the fiber would be tied. Leaving it blank, or with minimal treatment, accomplishes two goals. It saves work on an area not seen during use and eliminates wear or staining by the fiber. Below the blank spot on the verso of the paddle is a nicely painted fragment related to that on the front. A metal band repairs a split at the top of the shaft. The tenon of the blade can be seen inside this split.

Right

Dimensions: 35.7" x 10.4" x 22.6"

Age/date: Dated 1922.

Construction: Two pieces of wood(?) joined with a mortise and tenon joint at the juncture of foot and shaft; turned shaft and painted decoration.

Elegantly stylized floral decoration covers the blade front. The back is handled in a similar fashion, with a typical blank area. The disk at the base of the blade front bears the date *1922* with four Cyrillic letters immediately below and what is probably the Eye of God above. On the back side of the disk are the letters *M* over *A*, presumably the initials of the recipient. The foot is broad, squared off on the end and relatively simple, with red paint decoration near the juncture with the shaft. Wear to the front of the shaft suggests storage on a shelf, or rafter, with the blade placed front down. Repeatedly dragging it off of the shelf/rafter would produce this wear.

АФАНАСЬИ·ФЕДОРО
ВНЫ

Left

Dimensions: 35.9" x 9.6" x 22.9"

Age/date: Circa 1880-1920.

Construction: Two pieces of wood(?) with turned shaft and painted decoration.

Well executed floral patterns, typical of the region, play well against the orange base color. The top of the paddle has lost at least two topknots. Someone cut off the remains of the topknots and sanded the area smooth, trying to deceive the viewer into thinking no damage was done. The brightly painted shaft shows wear which has flattened the front profile, suggesting the distaff was slid repeatedly on its front face.

Right

Dimensions: 36.8" x 10.2" x 22.4"

Age/date: Dated 1915.

Construction: Two pieces of wood(?) with turned shaft and painted decoration.

This distaff is unique among the Dvina river examples, as it has a written inscription. The front of the paddle has two lines of script at the bottom giving the name of the owner, *Afanasye Fedorovna*. Below the name, on the disk at the base of the paddle, is the date *1915*. Written in the blank area on the blade back is the following (as best as it can be represented in Roman characters): "·U·75·K·".

1927

Left

Dimensions: 33.4" x 9.2" x 22.5"

Age/date: Circa 1860-1900.

Construction: Two pieces of wood(?) with turned shaft and painted decoration.

This distaff shows several signs of being one of the older Dvina river examples. In spite of its age, it retains all seven of its topknots. The blade front is well painted in what are now muted colors, making it difficult to know its original appearance. The paint on the blade front is relatively intact, the rest of the distaff shows notable surface wear and loss of paint.

Right

Dimensions: 36.9" x 9.7" x 22.4"

Age/date: Dated 1927.

Construction: Two pieces of wood(?) with turned shaft and painted decoration.

The date *1927* appears on the disk portion at the bottom of the blade front. Given the late date, this distaff may well have been an unused gift. By the time it was made hand spinning was on the decline, even in the more remote regions. The paddle has all seven of its topknots. The blade is well painted with a clean and precise floral pattern, presumably by a professional.

18 94

Lithuanian folk art is very well documented. Virtually all the literature on Lithuanian folk art discusses distaffs, with one book entirely devoted to *verpstes* (long form/footed distaffs) and another to *prieverpstes* (spindles, or short form distaffs).

The rarer footed Lithuanian distaffs (below), usually have blades resembling truncated spears, and are decorated with surface carving. The small form has much greater variety, although a double-lobed style seems prevalent. The finest small distaffs are amazing objects with extensive openwork carving, often to such a degree that they are structurally weakened, making practical use difficult. A relationship to Finnish and Swedish flat-style distaffs is evident.

The wide variety in form and decoration makes specific origins difficult to determine. The variety, and individuality, argue against the presence of large workshops creating assembly line distaffs. Many examples seem to be the work of exceptional craftsmen; others are purely functional, simple boards with elegant forms, but little surface decoration. Latvian and Estonian distaffs share characteristics with their Lithuanian counterparts, making possible some confusion as to the ultimate source of a distaff's origin.

Left

Dimensions: 13.1" x 3.2" x 0.6"

Age/date: Dated 1894.

Construction: One piece of wood with through carving, surface carving and black paint.

This charming distaff has a subtle double-lobed form, with small extensions on top and a short shaft on bottom. The openwork carving is enhanced by surface carving on both sides.

At the top is an anchor with comma-like forms on each side, doubling as a face. Below that is a chalice, presumably a reference to the Holy Grail. Near center is a Maltese cross immediately above a skeleton key. Near the bottom is an upside-down heart form with more elaborate comma forms/swirls at each corner. On the front, bracketing the upside down heart, near the bottom, is the date *1894*. The surface carving is geometric and floral, flowing around the through carved elements. The verso surface carving is similar, with the inclusion of four primitive birds. Two letters, in the same position as the date on the front, are probably the initials of the recipient. At the juncture with the stem are two floral bud elements suggesting that everything above is a type of bloom.

Lithuanian footed distaff, 1848. 40.0" x 5.9" x 2.7"

Images of three Lithuanian short form distaffs. Photographs by Ramutis Petniunas. Innovative in form and construction, these distaffs reveal the makers' ingenuity.

Left

Dimensions: 17.3" x 4.7" x 0.5"

Age/date: Circa 1900.

Construction: One piece of wood with through carving and partial staining.

Similar in form to the previous example, this distaff relies more on geometric, and less on organic, design. A large openwork flower at bottom, a smaller openwork star form at the top and an openwork heart at center provide a play in positive/negative space. On one side, the three primary elements have been stained a blue green color. As seen in other examples, the surface carving is simple, but well handled, emphasizing the form.

Right

Dimensions: 12.0" x 4.2" x 0.4"

Age/date: Circa 1900.

Construction: One piece of wood with through carving and paint.

This distaff seems to suggest a flower, a stringed instrument and a female form, all at the same time. The anthropomorphism extends to a charming face revealed in the through carving. Such figurative suggestions are often found in distaffs from the Nordic Countries as well.

Shaped from a single piece of wood, the surface engraving complements the form. After carving, the entire distaff was painted with an orange-brown paint over a darker paint layer.

Images of four Lithuanian short form distaffs. Photographs by Ramutis Petniunas.
Simple in nature, yet elegant in form, these unassuming distaffs are attractive, yet functional, tools. The two at right demonstrate the double lobed form. The example at left still has its flax in place. The arrowhead form is striking and unusual.

The term *Nordic Countries* is chosen over *Scandinavia*, as the latter term excludes Finland. The three countries have long, and often difficult, shared histories. During most of the primary period of Nordic distaff production, Sweden ruled Norway and Russia ruled Finland. In both instances, the subjugated country retained a large degree of autonomy, allowing regional communities to remain largely unchanged.

From the late 18th century through the 19th century, regions within the Nordic Countries developed distinctive decorative styles. Techniques such as acanthus carving (below) and various techniques of floral decoration (below right) became virtual regional signatures. These popular techniques of decoration were rarely, if ever, applied to distaffs, which took the lion's share of their inspiration from carved or painted panels, window frames and church architecture.

Construction

In the Nordic Countries, footed distaffs are known only in Finland. Those rare examples resemble most closely the footed distaffs of Lithuania, right down to the multiple holes in the blade for securing the fiber. It is difficult to say where the footed style ultimately originates, as few early distaffs survive from any of these cultures.

The vast majority of distaffs from Finland and Sweden are short form. Some styles share structural similarities, while others are unique to their country or, more importantly, to their region. By comparison with well documented examples in the collection of the Nordic Museum, accurate regional attributions are often possible.

Norway's distaff tradition is notably different from its neighbors. Old style (primarily 18th century) Norwegian distaffs are of the staff form (page 90 right). Newer Norwegian distaffs are usually simple functional devices intended for use on spinning wheels. Part of the reason for the difference is the Norwegian preference for animal fibers over flax. The staff type distaff is more conducive to wool spinning. It is likely that Norway's early long form distaffs are an extension of the western European tradition.

All short form distaffs have shafts at the bottom. Intended to fit spinning wheels or stands, the diameter of the shafts varies notably. Distaffs were probably fitted to a particular wheel or stand. Consequently, moving distaffs from one device to another could be problematic. In a time before mass production, hand fitting was the rule.

Norwegian acanthus carved lidded box, circa 1900.

Norwegian painted OS style three-legged chair, circa 1900.

NORDIC CENTERS FOR DISTAFF PRODUCTION
This map was published in 1909.

FINLAND
1. Teerijärvi, Suomi
2. Alaveteli

SWEDEN
3. Vätö, Uppland
4. Lövånger, Västerbotten
5. Sundsvall, Västernorrland
6. Sidensjö, Västernorrland
7. Tännäs, Jämtland
8. Ukna, Kalmar
9. Skåne County
10. Hälsingland

Norwegian painted box from Viksdal, dated 1858.

Decoration

Distaff decoration in the Nordic Countries varies notably from region to region. Local styles are distinctive, making the task of identification relatively straight forward. Decoration generally takes four forms: openwork carving, through carving, surface carving and painted decoration.

Openwork carving creates an open space within a distaff by direct carving, leaving cage-like supports holding up the structure above. While openwork carving is fundamentally architectural, the decorative effects achieved are often remarkable. In through carving, a relatively flat surface is cut through, leaving 'holes' which form patterns playing upon positive and negative space.

Surface carving of one form or another is used on most Nordic distaffs. Engraved lines, chip-carved areas and bas-relief carving are all found, and are often used in combination with one another.

As mentioned earlier, distinctive regional painting styles don't seem to appear on distaffs. The remarkable geometric painting from Viksdal (above) and the swirling floral decoration from Telemark (right) aren't generally found on personal tools. One reason is the difficulty of transferring a style developed for the multiple surfaces of chests and boxes to smaller one or two sided objects. The greater motivation was probably tradition. Distaffs were personal; tradition was important. For over two hundred years, distaff decorative styles, with minor variation, remained quite consistent.

On Nordic distaffs, painted decoration is generally used to define carved forms more clearly, rather than functioning as independent painted decoration (like that seen on Russian distaffs). When found, independent painting is usually minimal; a few vines and leaves or a small bouquet of flowers. Carving dominates and painted decoration plays a supporting role. This is not intended to belittle painted decoration on Nordic distaffs. As the following pages clearly show, spectacular color effects are often achieved.

Regions

The map at left shows most of the various regions to which Nordic distaffs in this book are attributed. This is not all of the production centers, but rather those to which some of the distaffs on the following pages have been traced. Veera Vallinheimo's *Das Spinnen in Finnland* has several comprehensive maps showing distribution of distaffs and other spinning tools.

The lack of available information on the Norwegian distaff tradition, and the relatively small number of distaffs documented, offers a research opportunity. The sub-cultures of Norway deserve the effort involved in documenting the traditions of distaffs and other textile tools.

Norwegian painted pantry box from Telemark, dated 1815.

Finland was ruled by Sweden for seven centuries. In 1809 it became part of Russia, until declaring its independence in 1917. Finland's regional cultures remained largely intact through these periods. Most, if not all, of the Finnish distaffs under consideration were made during the time when Finland was a principality of Russia.

While Finnish spinners used footed distaffs, related to both Lithuanian and Russian examples, most Finnish distaffs are of the short flat form, distinguished by either dense sophisticated chip carving or extensive through carving. Figurative elements are less common, but one recurrent motif is two creatures, meant to represent rampant lions, turning away from each other. On older examples the lions are relatively identifiable; with the passage of time they degenerate into dog-like forms. The double lion symbol is part of the Greater Coat of Arms of the Kingdom of Sweden, with roots in animal pairing going back to pre-dynastic Egypt. The Swedish lions' appearance in Finland is reasonable, given the length of time Finland was ruled by Sweden. Their appearance on Finnish distaffs made after 1809 suggests a possible nostalgia for Swedish rule, after the period of Russian rule began.

The primary reference for spinning tools in Finland (and also Sweden) is Veera Vallinheimo's *Das Spinnen in Finnland*. A small handful of drawings in the book show superior Finnish distaffs, evidencing their rarity. The book documents a great many Swedish distaffs, as they are the type most commonly found, apparently even in Finland. This suggests professional Swedish makers worked to serve a broader market. Like any other commodity, variation in quality is to be expected. A bride would want the finest distaff available, but financial considerations might dictate a lesser example. As in other nations, the finest distaffs were rare and expensive, even when new. A poor bride might have to settle for a more modest Swedish distaff, rather than a special example from her homeland. The six distaffs shown here, and on the following pages, were all made in Finland.

Left

Dimensions: 16.6" x 5.0" x 1.0"

Age/date: Circa 1780-1840.

Construction: One piece(?) of wood with relief carving, chip carving and painted decoration.

Dazzling chip carving, particularly the whorls, provide a strong sense of motion. The paint, vacillating between subdued green and vibrant reddish-pink contributes to the energetic presence of this distaff. The wood curves along both axes, although the curvature is more pronounced along the vertical axis. A small ball in vase on top of the shaft further demonstrates the maker's skills. Clearly the work of a master, this distaff was originally collected by renown Finnish anthropologist, Sven Fredriksson (1909-1968), and is probably from Teerijärvi, in east-central Finland.

Right

Dimensions: 19.3" x 4.9" x 2.7"

Age/date: Circa 1820-1840.

Construction: One piece of wood with relief carving, ornate chip carving and monochrome painting.

Initially attributed to Norway, this distaff is very similar to one found by Sven Fredriksson and described as Finnish. The monochrome paint places emphasis on the carving, which is of impeccable quality. This distaff is notably bowed along the horizontal axis, allowing it, in a sense, to wrap around the fiber. The upper half resembles a face in exclamation, or perhaps an owl.

Left

Dimensions: 19.7" x 5.0" x 1.6"

Age/date: Circa 1800-40.

Construction: One piece of wood with relief carving and painted decoration.

Radiating charm, this distaff seems to be a modernist portrait. The vertical cuts at bottom become teeth. A moustache leads to whorls for the nose and eyes, with a rigid brow featuring a heart. An elaborate headdress, with lions prominently featured in front and a *fleur-de-lis* as a top feather adds a comical note, as if to politely mock royalty. The quality of carving, and the remarkable painting, assures us that this distaff is the work of a master.

Related examples in *Das Spinnen in Finnland* suggest an origin near Alaveteli, in west central Finland, near the Gulf of Bothnia.

Right

Dimensions: 16.5" x 4.5" x 2.1"

Age/date: Dated 1816.

Construction: One piece of wood with painted decoration.

Unusual in form and decoration, this example, with its double volutes, resembles a musical instrument. The loose floral decoration, reminiscent of flower painting on Russian distaffs, as well as *rosemaling*, is uncommon on Nordic examples. An unusually subdued palette and somewhat asymmetrical composition adds to the mystery. Given the relative simplicity of form and decoration, this distaff may well be a homemade example. The large rectangular hole, presumably to aid in tying the fiber, is unusual. Small holes, such as that above the top of the shaft, can receive a wood or iron peg, helping to hold the fiber in position.

Left

Dimensions: 17.3" x 4.7" x 0.5"

Age/date: Circa 1830-1880.

Construction: One piece of wood with openwork carving, surface carving and painted decoration.

While most Finnish distaffs are intended to be viewed from one side only, this example is fully decorated on both sides. Heart forms, rosettes and sweeping arcs give it a lively sense of motion. The central heart, echoed in negative form above, seems almost like the centerpiece of a reliquary. The flat shape reinforces the notion that either side may be the front.

Right

Dimensions: 17.3" x 5.2" x 0.7"

Age/date: Dated 1881.

Construction: One piece of wood with openwork carving, surface carving and painted decoration.

In spite of its extensive through carving, this distaff is intended to be viewed from one side. The surface carving is formidable. Translating it to both sides would be difficult. The bow along the vertical axis further defines the front, particularly in comparison to other Finnish examples. Without carving, or elaborate paint, the back presents a surprising mask-like form.

1714

Norwegian distaffs are uncommon and rarely documented. This is probably because they are relatively simple, and not as profoundly beautiful as other Norwegian folk art objects.

Anne Kristin Moe, curator at the Norsk Folkemuseum, says that her institution holds 54 distaffs. Most are of the long form, related to the example shown from the Vesterheim Norwegian-American Museum, but unpainted. They share some characteristics with distaffs from the French Alps, possibly representing a northern migration of the western European tradition. Norwegian distaffs are used primarily with wool.

Left

Dimensions: 13.0" x 3.1" x 0.3"

Age/date: Dated 1845.

Construction: One piece of wood with chip carving and painted decoration.

This distaff is tentatively attributed to Norway. The front is carved with some irregularity, but with folksy appeal. The color is well handled, with a positive/negative treatment given to the two rosettes. The back has no carving, just a floral element at top and the date *1845* near the base. The base element, partially concealing the date, is clearly a later addition/repair.

The relatively primitive appearance, suggests this distaff is the work of a talented, but non-professional maker.

Right (with details)

Dimensions: 39.5" x 0.94" sq.

Age/date: Dated 1714.

Construction: Formed from one piece of wood with loose carved elements, surface carving and painted decoration. The Vesterheim Norwegian-American Museum records indicate the paint and some carved decoration may be of a later date.

Probably the oldest distaff presented in this study, this example could be used with a spinning wheel, spinning stand, or handheld. It is representative in form of the early Norwegian tradition. As seen in some Swedish examples, a sense of whimsey prevails. Two 'balls in a cage' are located below a free, carved out, cross-shaped element.

Stylistically, this example shares features with some distaffs from western Europe.

Inventory # LC1374 from the collection of the Vesterheim Norwegian-American Museum, Decorah, Iowa. Photographs by the Vesterheim Norwegian-American Museum.

Most Swedish folk art books mention distaffs, but few provide significant coverage. Fortunately, three valuable resources are available. First, the Nordic Museum in Stockholm was very cooperative, allowing me access to online records (including images of their original catalogue pages) for over 250 distaffs. Second, Veera Vallinheimo's *Das Spinnen in Finnland* proved an excellent reference for Swedish distaffs. Third, Charles Holme's *Peasant Art in Sweden, Lapland and Iceland*, published by The Studio in 1910, is a remarkable source for images of the finest Swedish distaffs. Some of the photographs in Holme's book are clearly the documentary images from the Nordic Museum. These resources allow most of the following distaffs to be traced to their proper region. In three instances, the similarity between examples in the Nordic Museum and those shown here were so remarkable as to strongly suggest that each matched pair was by one maker. Such validation makes research a joy, as does the frequent inclusion of dates on Swedish distaffs.

In Sweden, short-form distaffs prevail. Only about 2% of referenced Swedish distaffs are of the long form. No footed distaffs were noted. It seems reasonable that footed distaffs were in use at some point, since they were used in Finland, Russia and the Baltic region, but no examples were found in the records of the Nordic Museum.

Among the numerous short form variations, two styles prevail. Most common is the sculptural (or cage) type, carved from a block of wood, rather than a board. These have openwork carving, sometimes simple, at other times quite ornate. Many take inspiration from church towers. Others are open cylinders, tapering at each end. Some have extensive surface carving, including notching and engraving. Their inventiveness reflects a competitive spirit among the carvers. None are more functional by virtue of their embellishment—they are clear demonstrations of the formidable talents of their makers. Where present, painting on these distaffs usually supports the carved form; perhaps to outline windows or make raised areas stand out.

The second form is the flat or *bat* distaff. Many of these have an affinity with Finnish and Lithuanian examples. Carved from fairly thick stock, some are more sculptural (page 96) while others have a relatively flat profile (page 94). Thinner examples seem to have a relationship to the techniques used on Swedish bentwood boxes or *svepask* (page 98). The blades on the thin distaffs often have an intentionally elegant curve. Some hybrids combine an openwork base with a curved thin top (page 100, left). The tops often take on the appearance of a crown or, more likely, a wedding headdress. Anthropomorphism is frequently encountered. Painted decoration on the flat style of distaffs ranges from relatively sophisticated to a simple coat of paint. Some carvers were painters; some weren't. While distaffs similar to some examples shown here appear in fairly large numbers, they don't seem to be the products of large workshops. Quality carving of a specialized nature suggests talented individuals, or perhaps small family groups.

Regardless of form and decoration, Swedish distaffs stand apart from other Swedish crafts. As mentioned previously, decorative styles don't necessarily translate well from a box (below) or chest to a distaff.

Swedish svepask from Dalarna, late 19th century, 6.7" high.

1845

MED

Dimensions: 18.0" x 5.0" x 0.5"

Age/date: Dated 1845.

Construction: One piece of wood with through carving and painted decoration.

Flat and relatively thin, this distaff is certainly Swedish. A virtually identical example in the Nordic Museum (inventory #40103b) seems clearly by the same maker. The museum's example is recorded as being from Vätö, in Uppland, near the coast about 40 miles northeast of Stockholm—a center for many fine distaffs.

Through carving at the top suggests the functional form of a tape loom (right). One side of the distaff has a carved and painted compass rose and the recipient's initials, *M.E.D.* The *D* usually stands for *dotter* (daughter), in this case to indicate that the recipient is the daughter of *M.E.,* designating the distaff as a betrothal or wedding gift. The other side has a clock face set at 9 (AM?) and the date *1845.* At the base of the blade is a chip-carved medallion with a spiral on one side and a rosette on the other.

Comparison with its companion in the Nordic Museum shows that stencils would have been used to lay out the overall form, the through-carved areas and perhaps the surface carving as well. At 16.2 inches, the museum's example is shorter, but also has a shorter shaft. The widths are precisely the same.

Similarities abound; the whorls on both examples are on the compass side and the rosettes on the clock side. The size and placement of the finials is identical. The clocks are both set to 9. The museum page does not describe the writing on its example. The low resolution image is hard to interpret, but the museum's distaff does appear to be dated, initialled or both. The verso of the museum page, where this information might be recorded, was not available. The writing visible in the museum photograph is not as bold or confident as the writing on this example. Since the museum photograph is black and white, we may only presume that a similar palette was used in the painting. Paint on the example shown here is beautifully executed and certainly vintage to the time of its creation.

Was the carving and painting carried out by the same hand or was it a communal product? If by an individual, they were well practiced at their art. The carving is precise and clean. The painting and writing are the work of a confident hand. This does not look like the effort of a nervous young man seeking to please his girl.

Swedish tape loom, 1766, carved wood, 7.8".

Dimensions: 18.3" x 4.4" x 1.1"

Age/date: Circa 1820-1840.

Construction: Two pieces of wood with through carving, relief carving and painted decoration.

The top and bottom sections of this particularly fine distaff show strong symmetry; the central portion has a dynamic asymmetrical element. At the base of the carved and painted portion, where it meets with the shaft, the upper part fits inside the shaft with a single pin holding it in position. This may indicate a repair. The organically flowing decoration takes on a sinuous quality, reminiscent of snakes or dragons. The lower section resembles a happy weight lifter holding up the section above. The paint, clearly original, supports the intricate carving in the best possible way.

The distaff at left was thought to be from Norway. However, the distaff at right, from the Nordic Museum in Stockholm (inventory # 1780), proves otherwise. The museum example is dated 1838. Furthermore, the museum has several other distaffs that appear to be by the same maker. Museum records indicate those distaffs come from Väddö (Vatö) in Uppland, near the Baltic coast about 40 miles northeast of Stockholm, the same point of origin as the distaff on the previous page. Uppland was an important center for many of Sweden's finest distaffs.

Strong similarities between the distaff at left and the museum example virtually assure they are by the same maker. The heights differ only by the differing shaft lengths. The widths are essentially identical. As before, the overall design was probably transferred to a board by stencil, with the remarkable carving showing subtle differences from one distaff to the next. Since the museum photographs are black and white, similarity of painted decoration must be presumed.

Both distaffs abound with biomorphic forms. At right, for example, we find two mirrored forms that seem to portray a Madonna and Child in a style anticipating elements of Art Deco while also recalling medieval sculpture.

Swedish distaff, inventory # 1780, Nordiska Museet.
Photograph courtesy of the Nordiska Museet.

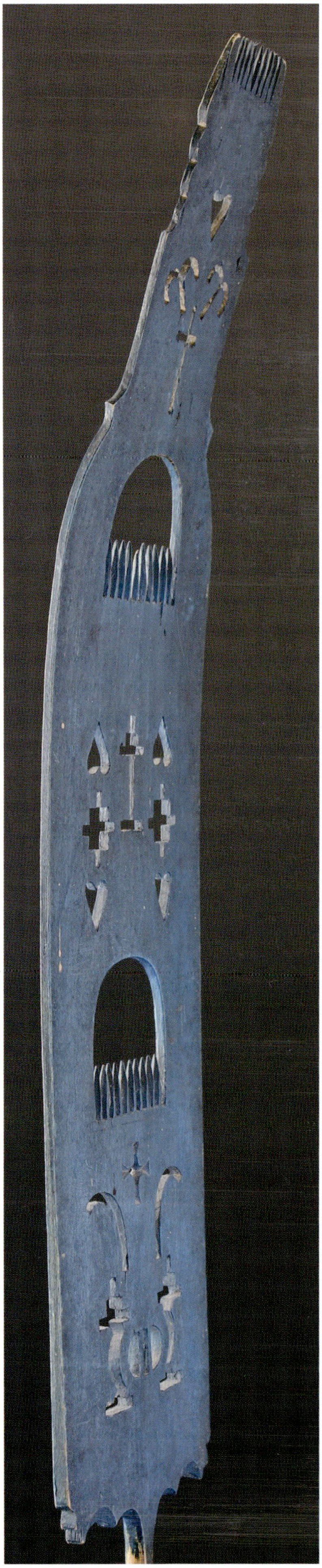

Comparison of the distaffs on the facing page with the example at right from the Nordic Museum reveals unmistakable similarities. The museum's distaff (inventory #2359) is dated 1831, presumably the same time frame as the blue distaff at left. The blue distaff and the museum's example seem clearly to be by the same maker. The museum record sheet indicates their example is from Lövånger, Västerbotten, in middle Sweden near the Bothnian coast. By extension, the related red example on the following page may be tentatively attributed to the same region.

The blue distaff and the museum example show virtually identical form and through carving. From the cross and wands at the top, to the geometric and heart forms in the middle and bottom, all seem transferred from the same stencils. Only the lower window area, a comb at left and inverted heart at right (with two small openings), shows differences in decoration.

The distaff at opposite right, stripped of its paint, is less sophisticated than the other two. It lacks the elegant bend seen on the blue specimen. Perhaps it is the work of the same maker in old age, or his apprentice or son.

Al three distaffs share a relationship with the bentwood boards used for Swedish *svepask*.

Far left (with oblique view at center)

Dimensions: 28.3" x 5.8" x 1.9"

Age/date: Circa 1820-1840.

Construction: One piece of wood with through carving; painted.

Left

Dimensions: 23.6" x 5.3" x 0.4"

Age/date: Dated 1860.

Construction: One piece of wood with through carving, and traces of the original(?) paint.

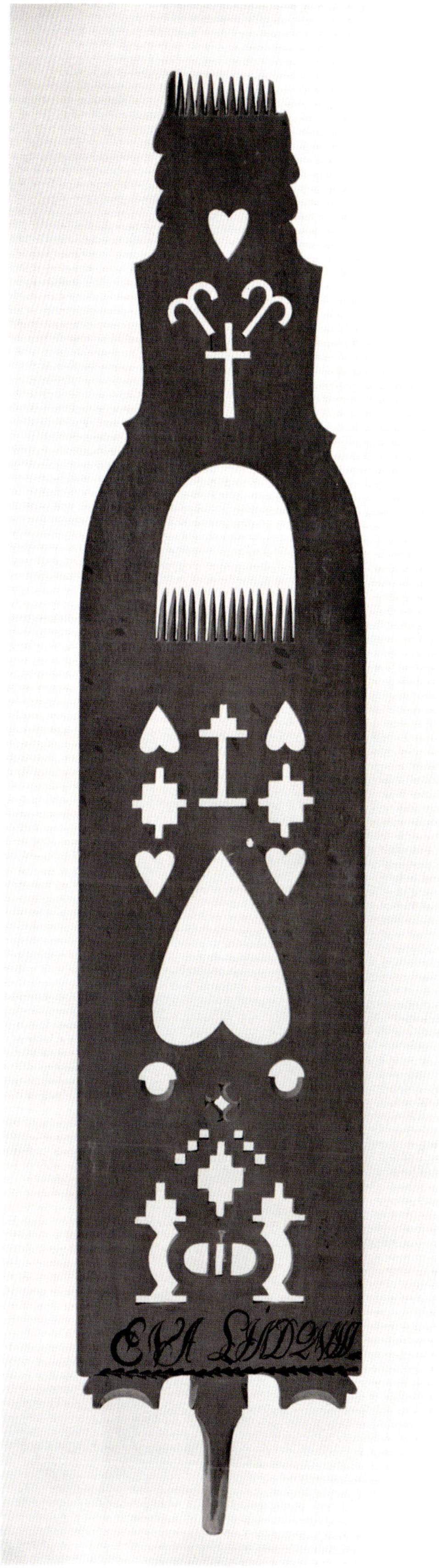

Swedish distaff, 1831, inventory # 2359, Nordiska Museet. Photograph courtesy of the Nordiska Museet.

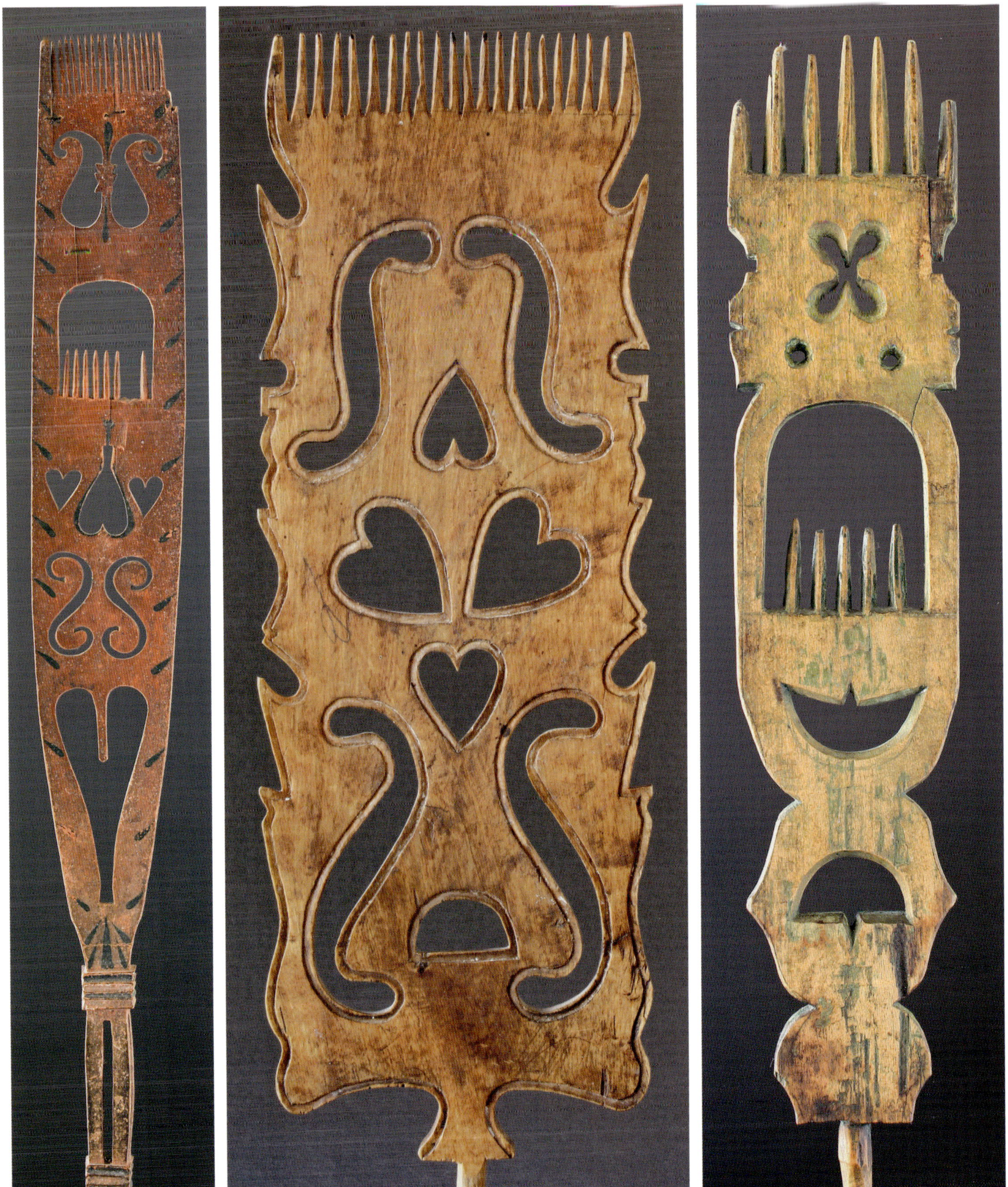

Left

Dimensions: 31.4" x 4.1" x 1.4"

Age/date: Circa 1850.

Construction: One piece of wood with through carving, openwork carving and painted decoration.

This elongated distaff, with an upper section clearly related to the examples on pages 98-99, has a lower section which is similar to the openwork distaffs shown on the following page. No referenced distaff in the Nordic Museum matches up precisely with this example. The intertwined carvings of hearts and scrolls have a sinuous quality which is complemented by the minimal, dark paint marks on the red base color. The remarkably thin board has suffered several splits in the middle and upper sections. Homemade repairs are visible, presumably made over the course of its long working life.

Center

Dimensions: 18.1" x 5.9" x 0.5"

Age/date: Circa 1880-1910.

Construction: One piece of wood with through carving and surface carving.

Extensive through carving adds a dynamic quality to this distaff. The effect is extended by the ornate edge carving, comb carving on top and recessed carving around the through cut areas and edges. Slight remnants of white pigment suggests this distaff might have been stripped of its original paint. The use of scrolls and hearts shows a kinship of decoration with the previous example.

While no distaffs in the Nordic Museum's collection align precisely with this example, it shares characteristics with some examples from the historical province of Uppland, north of Stockholm.

Right

Dimensions: 19.9" x 3.6" x 0.6"

Age/date: Circa 1850-1900.

Construction: One piece of wood with through carving and surface carving.

Conjuring a smile as big as that on its funny face, this distaff is a tribute to the maker's sense of humor. Carved from a relatively thick board, it still suffered some damage from use. At one point it was painted green. Again, we sense a relationship to the distaffs on the previous page. The double combs, internal and on top, are much coarser, and correspondingly stronger, than those on the other examples. A relatively simple execution suggests a less experienced maker. This example can also be attributed to central coastal Sweden.

Far left

Dimensions: 27.1" x 2.7" x 2.1"

Age/date: Circa 1850-1900.

Construction: Three pieces of wood(?) with openwork and surface carving; painted.

The prominent top comb on this distaff recalls those seen on page 100. However, an older, but very similar, example in the Nordic Museum originated in Sundsvall, southern Västernorrland County, on the Bothnian coast about 200 miles south of Lövånger, home to the distaffs on page 98.

The combination of openwork carving, extended length and a top comb is unusual. The twisted, carved elements in the top openwork section are a testament to the carver's skill, as are the two internal pieces in the middle and bottom openwork sections, which move freely. Simple blue paint shows off the carving to good effect.

Center left

Dimensions: 17.7" x 1.5" x 1.3"

Age/date: Circa 1880-1920.

Construction: One piece of wood with open work and surface carving and painted decoration.

Sharing a tower-like cage structure with the previous example, this distaff forfeits the top comb for a smooth tower top. The openwork is clean and simple, with the middle section having an inward turn on each of the four supports. The supports on the section above are notched, helping to roll the flax. The paint is simple and precise, emphasizing the form. On the basis of similar examples in the Nordic Museum, this distaff probably originates in Västernorrland County.

Center right

Dimensions: 21.8" x 1.6" sq.

Age/date: Circa 1850-1900.

Construction: Two pieces of wood with openwork and surface carving and painted decoration.

Also tower-like in structure, this distaff has a single extended openwork section with the supports bowing out in an elegant fashion. The carving of the upper section is so specifically a tower structure that we want to believe we recognize the church. The paint is sophisticated, without being fussy, and the single bar which pierces the section immediately above the openwork would aid in tying the fiber. The wear on the openwork section suggests a hard work life. Like the examples on either side, its structure points to an origin in Västernorrland County.

Far right

Dimensions: 25.1" x 1.8" sq.

Age/date: Circa 1830-1870.

Construction: One piece of wood with openwork and surface carving and painted decoration.

A similar example in the Nordic Museum, (inventory #83652), originates in Sidensjö, Västernorrland County. The two distaffs are virtually identical in length.

Tall, and exceptionally well carved, this distaff doesn't have moving parts or other tricks. What it has is perfect form, superb carving and complementary painting. Each cutout and internal 'shelf' is perfectly sanded, corners are rounded and edges are beveled. The paint is applied with elegant restraint. An experienced hand, the maker was willing to take the time to achieve a masterwork.

1849

Left

Dimensions: 16.0" x 2.6" x 2.7"

Age/date: Dated 1849.

Construction: One piece of wood with openwork and surface carving and painted decoration.

The distaffs on this page represent a form called *tortti-rocken* in *Das Spinnen in Finnland.* They are used by winding flax on to the distaff body with a rolling motion. This accounts for substantial wear along the base, where they would be handled. This example, with its open sides, is quite a feat of carving. Openwork architectural elements and through carved floral decoration define the form. A 'ball in cage' sits right above the openwork portion. Similar examples in the Nordic Museum are from Tännäs in Jämtland County, near the Norwegian border in central Sweden.

Center

Dimensions: 17.5" x 2.4" dia.

Age/date: Circa 1850.

Construction: One piece of wood with openwork and surface carving and painted decoration.

This vivid distaff is well formed. Tower elements top off a triple level openwork section. Most distaffs of this form are relatively subdued in color. After carving, the maker painted this example with a daring combination of red and blue. One initial is carved on each facet of the bottom of the openwork section. Difficult to read, they may well represent the initials of a bride and groom, given the hexagonal form. The surface carving would help hold the fiber as it is wound. This style of distaff is probably from the area of Ukna, in Kalmar County, in the area in southern Sweden traditionally known as Småland.

Right

Dimensions: 16.2" x 2.3" dia.

Age/date: Dated 1847.

Construction: One piece of wood with openwork and surface carving.

The cage-like form of this example is well shaped, and the openwork sections precisely cut, but it is the surface carving that brings this distaff to life. A virtual eye-dazzler, it seems to resonate with motion. The maker chose not to add paint, clearly a wise move. Handling marks show it was used, but remarkably well cared for. Like the example above, this one is probably from Småland in southern Sweden.

Linen weaving guides sometimes refer to this style of distaff as a *truncheon*; others call it a cage distaff. Flax would be wound on to the distaff and then spun off on a wheel or with a drop spindle.

1 2 3 4 5 6

From Left to Right

1

Dimensions: 18.8" x 2.8" dia.

Age/date: Dated 1813.

Construction: One piece of wood with openwork and surface carving.

Similar to the third example on the previous page (and probably also from Småland), this distaff is slightly less sophisticated and about a third of a century older. The surface patina is exceptional, and the handling marks indicate that it spent many years earning its keep.

2

Dimensions: 18.5" x 3.6" dia.

Age/date: Dated 1876.

Construction: One piece of wood with openwork and surface carving.

The simplicity of this distaff seems to suggest an ancient form. The relatively large size of the cavity and the number of supports must have made this example a carving challenge. This distaff is related to an example in the Nordic Museum from Skåne County, the southernmost county in Sweden.

3

Dimensions: 22.7" x 1.2" sq.

Age/date: Circa 1800-1830.

Construction: One piece of wood with carving and surface carving.

A remarkable surface, and unusual form, distinguished this distaff. The blade is divided into four quadrants, each of which is divided by two internal ledges, probably left during carving to provide structural support. The top of the shaft has elegant, but relatively simple, chip carving. The lower shaft is unusually long. The blade top is finished off with a simple finial.

The unusual construction of this distaff relates to one example in the collection of the Nordic Museum from the island of Sollerön, in lake Siljan, near Mora, Dalarna, in south-central Sweden.

4

Dimensions: 28.0" (with loss at top) x 1.8" sq.

Age/date: Circa 1880-1920.

Construction: Two pieces of wood with carving and openwork and surface carving. The shaft is inserted through a hole in the bottom.

This distaff has a triple level openwork section at the bottom. In the lower two openwork sections, the eight supports from one section to the next are unusual in appearance. In most distaffs these are of simple geometric form; here they resemble bent twigs or even finger bones.

5 & 6

Dimensions: 5 - 12.0" x 0.75" sq.
Dimensions: 6 - 12.6" x 0.8" sq.
Age/date: 5 - dated 1835. 6 - Circa 1820-1840.

Construction: Each distaff is carved from one piece of wood with carving and surface carving. Openwork carving is used on #6.

These two distaffs are from the vicinity of Mora in Dalarna, in south-central Sweden. Quite diminutive, each is a marvelous little sculpture. One might almost think they are toys, but they match closely with several examples in the Nordic Museum. The carving is simple, but flawlessly executed, particularly given the small scale. They are discussed together as they are so similar in style, form and technique as to be perhaps by the same maker.

1866 1/3
FLD

Left

Dimensions: 16.2" (with loss at top) x 5.2" x 0.7"

Age/date: Dated 1866.

Construction: One piece of wood with surface carving; probably painted and stripped.

This distaff employs a classic form. The maker created a slight curve along the vertical axis allowing the distaff to subtly wrap around the fiber. The surface carving is quite simple. A single large rosette at center (with remnants of white paint in the petals) is framed by single engraved lines at the sides and bottom and a geometric design of angled lines at top. The top probably arched over the semicircular projection, but is now lost. Below the rosette is the date *1866*; the engraving *1/3* probably indicates it was made/gifted on January 3rd or (more likely) March 1st of the indicated year. Below are the initials, *FLD*, or perhaps *TLD*, presumably those of the recipient's daughter. The disk at the juncture of blade and shaft is very simple and the whorl there perfunctory at best. It does have a subtle human-like form with a whirling face.

The Nordic Museum has no closely comparable examples to this distaff in its collection. However, several examples from Uppland, in the museum's collection, show similarities.

Right

Dimensions: 15.9" x 4.4" x 0.25"

Age/date: Dated 1907.

Construction: One piece of wood with through carving and surface carving; partially tinted in a soft green-brown.

In the early twentieth century, most distaffs made the transition from functional tools to traditional gifts. That said, there is also the possibility, in all of the regions discussed in this book, that some distaffs were created as part of a folk art revival, or even as tourist items.

Although functional in form, this example, dated 1907, shows no signs of wear. The quality of carving is quite precise and perfectly bilaterally symmetrical. Instead of the warmth and charm of other Swedish distaffs, this one has a decidedly clinical appearance, as if it were the precise product of a machine. One wonders if a life of hard work would have made it warmer.

The French distaffs shown in this study are all of the long form. Surface decoration, where present, is often religious in nature, and includes church naves, crosses and monstrances. Distaffs related to the French Alpine form are also found in Hungary and Slovakia, although their bases are quite different.

Distaffs from western Europe are difficult to find; France is no exception. English language references are virtually non-existent. Under such circumstances, I turn to an expert (although the phrase *distaff expert* is almost oxymoronic). In this case, fortune smiled and Thierry Coudert came to the rescue, with deep knowledge and a formidable library to match. Thierry was kind enough to provide a brief introductory essay on French Distaffs, along with some photographs to help illuminate his thoughts. Here is his much appreciated contribution:

A Brief Study of French Distaffs

France produces a wide range of distaffs. Apart from the areas where distaffs were simple sticks and excepting the Alsace region, where folk art is closely aligned with German examples, we can divide France into three regions of distaff production: the Alps, from Savoie down to the Provence mountains, the Pyrenées and the Auvergne. Each region produces distinctive styles. In all these regions, long cold winters forced farmers to keep busy inside, including adorning wooden items with decorative carving.

The Alps

The Savoie region of the Alps (part of Savoy before 1860) lies close to the Swiss and Italian borders. Inhabitants, especially in places rendered inaccessible in winter, used long form distaffs. These ornate distaffs were usually held in remarkable carved wooden bases, often as beautiful as the distaffs themselves.

The long shafts are generally of square or octagonal cross-section at the top and circular cross-section at the bottom. Decoration is present over at least one half of the length, and includes carved geometric elements, such as triangles and zig-zag borders. Also present are protective symbols, both pagan and Christian. Many carvers would take inspiration from their immediate surroundings, using animals (mostly birds) and local flora.

A higher degree of quality was obtained through architectural carving, with columns and lantern-like openings left in the wood. These areas could be painted or decorated with inlaid pieces of glass or mirror. Surface carving along the shaft was frequently inlaid with pewter. Some references suggest this material is lead, but pewter has a lower melting point, is readily available in the form of recycled forks and spoons, and was also used in the plating of copper cookware.

Interestingly, highlanders from Savoie, living in small communities, were very literate as early as the end of the 18th century. This is why much of their production is dated, also bearing perfectly formed letters.

The Provence region of the alps lies below Savoie and adjacent to Italy on the Mediterranean coast. With a more *bourgeois* flair, Provence distaffs relate to the north Italian type. They are of the short form, intended to be worn from the belt on the left side. They have plain shafts and cage-like openwork heads. The heads can be carved, turned or constructed of wicker strips joined together.

Pyrenées

In the Pyrenées (the southernmost area of France), distaffs come primarily from the Bethmale and Cauterets Valleys, in the central border region with Spain. Their distaffs are of the long type, formed from one piece of wood. The heads are through carved and of a teardrop shape, chip carved in geometric patterns and often painted bright colors. Each is crowned with a different number of spikes, one for hemp and linen, and three (with a trident-like appearance) for wool.

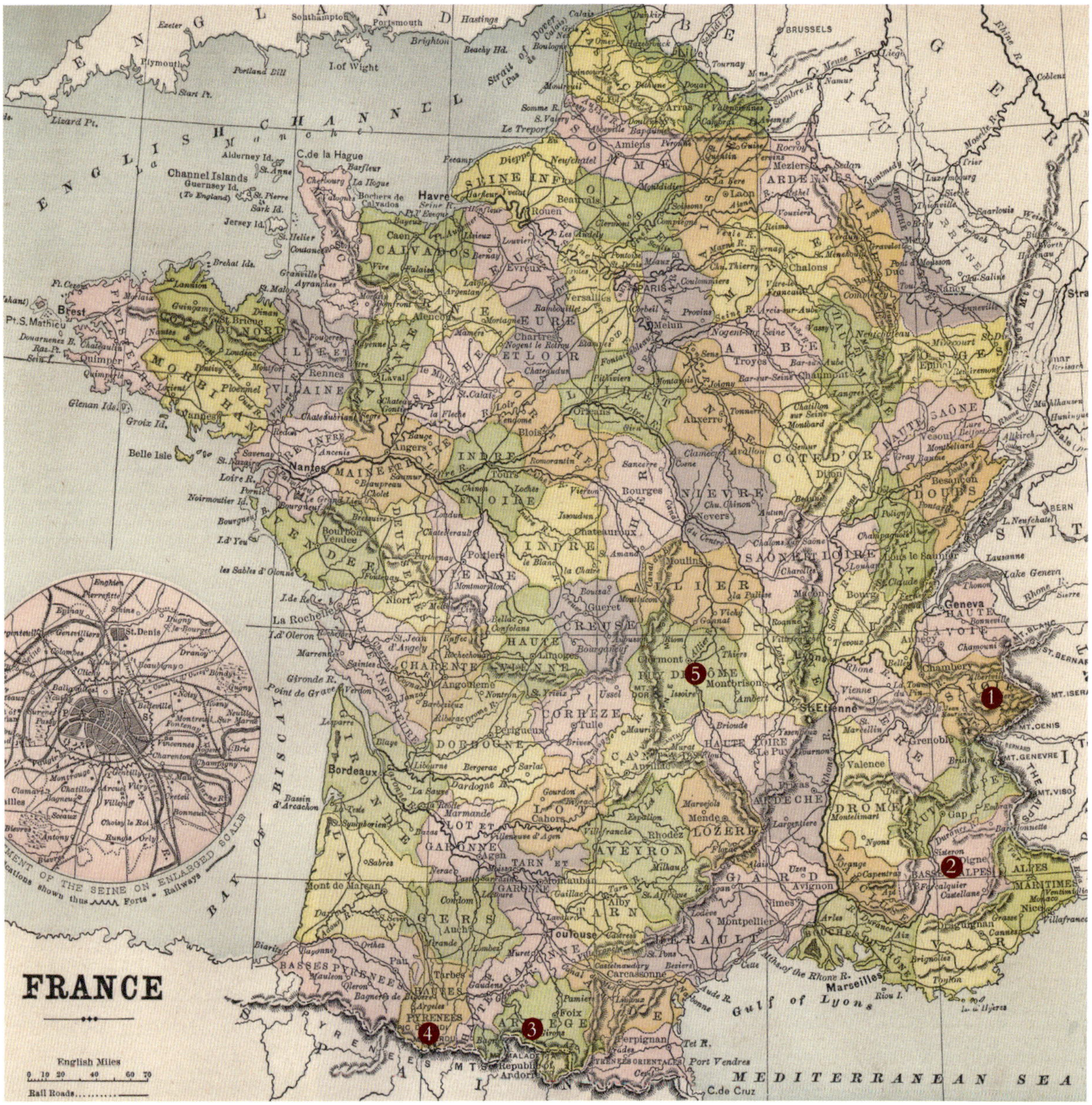

Centers for Distaff Production in France.

This map was published in 1891. Locations provided by Thierry Coudert are listed below and marked on the map.

1. Savoie 2. Provence 3. Bethmale 4. Cauterets 5. Auvergne

Sectioned boxwood distaff from Auvergne, shown disassembled.

Auvergne

Auvergne lies in the center of southern France. In this region, most distaffs have plain shafts, topped by a cage-type head. Most are made of a single piece of wicker, split into six strands, curved and joined by strips. Rarer examples have the cage entirely carved out of one piece of wood (below left), a real *tour de force*. On these examples the shafts are plain.

Another style, beautifully chip carved, has a flat circular head with through carving and colorful painted decoration (below right). These examples bear a subtle relationship to some Albanian distaffs.

The last Auvergne style of distaff is formed from short pieces of intricately turned boxwood threaded together and crowned by a crescent moon. Some of the turned pieces have beautiful openwork sections. The image on the opposite page shows a distaff of this style disassembled.

Two distaffs heads from Auvergne. Left, a cage type with inscription. Right, a flat, through-carved type. Photographs by Thierry Courdert.

A Personal Touch

Distaffs were very personal items. In France, they were often discarded when the person passed away, and not handed down through the family.

Especially in the alpine areas they were often made by a lover as a gift to a possible future bride. As in so many cultures, she reserved the right to accept the gift or not.

Sometimes several men had their eyes on the same woman, each carving his distaff in secret. This is why we encounter distaffs with cancelled dates or initials, some even left unfinished because their passion was declared too late!

The quality of the work showed as well the qualities of the maker. Patience and dexterity were traits of great importance in these rural areas. We have encountered as well distaffs of a very similar nature, proof that some woodworkers specialized in production for the local market.

Thierry Coudert
2012

The cage-type Auvergne distaff at left bears a poignant story. Here is the inscription, as written:

PAR MOI JEAN FOULIADE BON 9 ARC FAIT A ROCHE PAROISSE DE MENET EN AVUE/ADIEU JOLI COEUR D'AMOUR/ A BOIRE

Here is the interpretation of this text as provided by Thierry Cordert:

Carved by Jean Fouliade, I am leaving to give my duty to the army. Done in Roche from where I can see Menet. Goodbye sweetheart. Now let me get drunk.

O I
R

Left to right (each with detail)

Dimensions: 44.2" x 0.8" sq.

Age/date: Circa 1880-1900.

Construction: One piece construction with openwork carving, chip carving and engraving.

From the Savoie region, the decorative carving of this distaff includes three areas of openwork divided among four carved sections.

Dimensions: 53.4" x 0.75" sq.

Age/date: Circa 1850-1880.

Construction: Two piece construction with openwork carving, chip carving, engraving and metal & mother of pearl additions.

From the Vallee du Giffre in the Savoie region, south of Lake Geneva, close to the Swiss border, this distaff is ornately carved with complex zigzag elements. Pewter inlay is limited to a cap on the bottom and two simple bands. About halfway up the shaft are four mother of pearl medallions pinned in recesses. The top piece is separate, turned and pinned in place as a finial. Below the attachment point are four decorative tacks.

Dimensions: 43.7" x 0.7" sq.

Age/date: Dated 1829.

Construction: One piece construction with openwork carving, chip carving, engraving and pewter inlay.

From lower Chablais in the western Savoie region and ornately carved in a 'folksy' style, this distaff is probably the personal work of an individual. The pewter inlay (partially missing) is not as well done as other examples, but has great charm. The initials "FC" and "JF" are inlaid, and there is a date of 1829, difficult to read given the quality of the pewter inlay. Additional engraved touches include a monstrance, trees and a bird. A charming and personal effort.

Dimensions: 49.1" x 0.8" sq.

Age/date: Circa 1860-1900.

Construction: One piece construction with carving, chip carving, engraving and pewter inlay.

Also from Chablais, this example exhibits minimal surface engraving. Carving defines the form; chip carving embellishes the surface. The pewter inlay is of very high quality, with the mid-section having a sophisticated net of self-supporting pewter inlay framing the upper shaft. A spiral section along the shaft has lost its pewter, but a similar section remains lower down, as do the pewter toe and cap. This is a beautifully designed and well crafted distaff.

Dimensions: 45.0" x 0.7" sq.

Age/date: Dated 1880.

Construction: One piece construction with carving, openwork carving, chip carving, engraving and pewter inlay.

From the area of Faucigny, near the Swiss border in the Savoie region, about 10 miles southeast of Geneva, this is perhaps the masterwork among these French distaffs. The carving and chip carving are very sophisticated, as is the pewter inlay. Only the (limited) engraving seems less professional. The date of 1880 is inlaid with pewter, as are the initials "RML" and a monstrance. Between them is a well formed openwork area with four coiled columns. Beautifully designed pewter inlaid bands separate dense chip carving which runs most of the way down the shaft.

1868

Far left (with detail)

Dimensions: 33.1" x 3.0" x 1.4"

Age/date: Circa 1860-1890.

Construction: Two piece construction with carving, color inlaid engraving, and pewter inlay.

This distaff is from the Cauterets Valley in the Pyrenées mountains, along the central border region with Spain. Similar in basic form to the other French distaffs, this fine example is distinguished by the remarkable bentwood blade, which is bent over and pinned at the top of the shaft. The outer blade surface and shaft are meticulously engraved. A colored substance, perhaps wax based, was inserted in the engraved lines. Primarily *geo-floral*, the decoration also includes two charming little birds on the blade. Pewter bands on the shaft related it to the Alpine examples.

Center left (with detail)

Dimensions: 24.0" x 0.75" x 0.7"

Age/date: Dated 1858.

Construction: One piece construction with bas relief carving, chip carving and engraving.

From Val d'Abondance, also south of Lake Geneva and very near the Swiss border, this delightful distaff has beautiful bas relief carved elements, including a church portal, a standing woman and a potted plant. The quality of carving is excellent, although it appears as if work was stopped just shy of completion. The date *1858* is located just below the female figure. Two precise holes through the blade were probably intended as tie points for a ribbon to hold fiber, although rods for the same purpose could be slid through them.

Center right

Dimensions: 26.6" x 2.1" x 1.1"

Age/date: Circa 1840-1880.

Construction: Four piece construction with carving, openwork carving and turning.

This distaff, and the one which follows, are masterworks of turning. Both are from the area near Aurillac, in Auvergne, near Clermont-Ferrand, in south central France. Four beautifully turned sections of boxwood screw together to form the distaff. At the bottom of the top two sections are openwork carved areas with neat circular holes and, in the lower section, inverted hearts. A crescent moon tops the distaff, giving an Orientalist quality. This distaff lost its bottom section at some point, so it would have had five sections. It is remarkable it survived at all.

Far right

Dimensions: 27.7" x 2.0" x 1.1"

Age/date: Circa 1840-1880.

Construction: Four piece construction with carving, openwork carving, turning and paint.

Like its cousin at left, this distaff is formed from four beautifully turned boxwood sections. This one, however, is complete, having a plain, tapering bottom section. While the previous example shows no signs of having been painted, this one has several bands which retain residue from a reddish, and possibly also a black, pigment, suggesting it was brightly colored when new. Time has slightly warped the turned sections, giving them a subtle corkscrew effect. Again, the condition is remarkable, as these distaffs seem quite delicate. Clearly they have been well cared for.

The history of the Balkans is complex, with centuries of shifting boundaries and endless conflicts. Conquered and reconquered, the individual ethnic groups struggled to maintain their borders and cultural identities. The dominant regional authority was the Turkish Ottoman Empire, which ended its reign in 1922 after more than 600 years of rule over most of the region. As the map on page 120 shows, the national boundaries of 1874, at the height of distaff production, were notably different than those of today. Macedonia and Serbia were part of the former Yugoslavia between 1918 and 1991, gaining their independence after Yugoslavian dissolution. Bulgaria attained independence in 1908 and Albania in 1912.

Why does this matter and what does it have to do with distaffs? Obviously it matters greatly to the citizens of the nations under discussion. As mentioned in the section on Russia, regarding the former province of Olonets, and in the section on the Nordic Countries, regarding Swedish and Russian rule, identity, tradition and cultural pride are primarily local, then regional, then national and lastly to an external controlling force. Serbia attained its full independence in 2006, but the Serbs moved into their homeland 1400 years earlier. A Serbian distaff dated 1918 may be a Yugoslavian distaff, but don't tell that to a Serb. Objects can be defined as much by time and place as by dimensions and materials.

With the exceptions of Albania and Turkey, I was not able to locate informants in the various Balkan Countries to aid in attributing distaffs to particular villages or regions. Using resources from his library, Thierry Coudert was able to help confirm some of the attributions.

Construction

Other styles of distaffs were probably used in the past, and could possibly still be in use, yet the prevailing style is the long form, with a relatively small blade on top of a relatively long shaft. The word *long* is indeed relative, as some shafts are comparatively short, yet all would be intended to be held under the arm, slipped through a belt or placed in a spinning wheel or stand. The majority of Balkan distaffs employ found wood for the shaft, although Albanian distaffs (and some Greek examples), have shafts which are carefully formed and decorated. This doesn't mean the Albanian and Greek shaft wood was not found, only that the shafts were more heavily worked.

Blades can take the *basket* form (page 132, all examples), which simply means an open structure of thin carved wood or bentwood. This style is found mainly in Greece and Albania. Paddle-like blades are found primarily in Albania, Macedonia and Serbia. The Albanian and Serbian examples are usually one-piece carvings, meaning that the maker had to start with a board (to have sufficient wood to form the blade) and cut the shaft down. Many distaff shafts from Serbia and Montenegro *look* as if they are found branches; however, they were reduced from larger pieces of wood.

Carved Greek distaff blades are often notched into their shafts. This saves the labor of cutting the shaft down form a larger board and is less wasteful of wood. At least some Bulgarian distaffs are one piece. Their blades are so narrow that a piece of wood only slightly larger than the shaft is required to form the distaff. Economy of effort and wood are serious considerations. Making a distaff from one large piece of wood is a statement from the maker about his willingness to go to greater lengths to achieve a desired effect.

Decoration

The decoration of Balkan distaffs relies heavily on surface carving. Dense, tightly controlled engraving is found on many examples. Fine chip carving and stamping are also used to fill surfaces with patterning. Many are so finely decorated that the spectacular quality of the carving comes to life only when held in the hand. These distaffs were made for the eyes of the spinner.

Centers for Distaff Production in the Balkans Region

No specific centers of distaff production were located in Bulgaria, Greece, Montenegro or Serbia, due to a lack of information from regional experts and limited reference material. This map was published in 1874.

Locations provided by Dritan Seda for Albania, and Hakan Secilmis for Turkey, are listed below and marked on the map.

Albania
1. Elbasan, Elbasan County
2. Shkodër, Shkodër County

Turkey
3. Bursa, Marmara Region

Serbian distaffs, such as the example on page 118, employ a relatively primitive bas relief carving. No effort is made at an illusion of depth, nor are surfaces rounded to imply dimension. Instead, simple cutout forms of trees, plants and animals create the charm of a primitive woodcut.

With the exception of the green, and the turned, Macedonian distaffs, only two Serbian examples use decorative painting. The painted decoration applied to the example on page 136 (right) seems more sophisticated than the carving. The result is an enchanting and vivid Tree of Life, rabbits and bird included. Another Serbian distaff was given bold spots of metallic paint to highlight flowers and lettering. Metallic paint was a special treatment at the time.

Greek distaffs have structural styles (right) not found elsewhere. On three examples a slot was cut through the shaft to allow the passage of a blade element, held in place with a pin (see pages 129 and 132). Other Greek distaffs have the aforementioned carved headpieces notched into shafts. Their forms are consistently organic, with curved elements and flowing lines.

Outside of carving and the less common decorative painting, other forms of decoration are rare. One Bulgarian example has a mirror inset at the base of the blade. Exceptional is the Greek distaff (page 128, left) which was decorated with inset brass/copper nuts. The metallic staining provides an unintended, but pleasing, effect. This distaff must have been impressive when new, particularly with the medallion shaped carving showing St. George and the Dragon. This example also has extensive carved treatment along the top portion of the tapering shaft.

Significant effort has been made to provide reliable *cultural* attribution, sidestepping the question of which nation or empire controlled a particular region at the time a distaff was made. The possibility of error exists, particularly since this area of folk art is the subject of limited research. Regional museums should be able to help illuminate local traditions, bringing light to an important aspect of history in the Balkans.

Detail of a Greek distaff, page 132, left.

Attribution of Albanian distaffs would have been a significant problem, were it not for the valued assistance of Dritan Seda. His large collection of Albanian spinning tools, and his relentless research, makes him an important authority in that realm.

Distaffs in multi-cultural regions often show related characteristics. Some Macedonian distaffs resemble the Albanian examples from Shkodër. Some distaffs from northern Macedonia share characteristics with the bas relief style of distaff from Serbia. Such similarities emphasize the difficulty in properly attributing distaffs.

Most Albanian distaffs have flat shafts. The style with circular through carving (far left) is found in central and southern Albania. Many distaffs in this style have larger bentwood hoops, as in the example at center left. A second style (center right and far right) has a paddle-like blade, usually decorated with through carving and surface carving. There are several other Albanian distaff styles not represented here.

All varieties honor their local style. Reliable regional attribution suggests local manufacture. Consistency of form implies a limited number of makers. Dritan describes shepherd carvers who make distaffs for men who do not have the time or ability to complete the task themselves. Dritan emphasizes that these carvers are not professional carpenters, but rather professional shepherds who carve to help their neighbors and supplement their income. Such a tradition seems likely to be common to other countries as well.

Left

Dimensions: 31.7" x 6.2" x 0.8"

Age/date: Circa 1880-1900.

Construction: One piece of wood (repaired) with through carving, surface carving and engraving.

Probably from southern Albania, the vessel-like depiction of a double-headed eagle, from the Albanian national flag, adds a figurative touch to the geometric decoration on this distaff.

Center left

Dimensions: 37.6" x 7.0" x 1.4"

Age/date: Circa 1880-1930.

Construction: Two pieces of wood with carving, chip carving and engraving.

Probably from a village east of Elbasan, this distaff has a bentwood blade, inserted through an opening in the shaft head and wired together at top. Geometric carving covers the upper shaft.

Center right

Dimensions: 36.9" x 4.0" x 0.4"

Age/date: Circa 1880-1930.

Construction: One piece of wood with carving, through carving, chip carving and engraving.

Totemically simple in form, this distaff is attributed to the Lezha district, south of Shkodër in Northern Albania. The blade's form and decoration relate to the example at right. Both of these distaffs have a carved representation of eyes at the juncture of blade and shaft.

Right

Dimensions: 30.6" x 3.8" x 0.3"

Age/date: Circa 1880-1950.

Construction: One piece of wood with carving, through/open carving, chip carving and engraving.

When first discovered in Belgium, this distaff was described as a Danish rug beater. Dritan attributes it to the area of Shkodër in Northern Albania. The carving is complex; in addition to geometric engraving and chip carving, some representational symbols, such as hearts and crosses, are present. The verso bears the initials *MD* placed within a double heart form.

These two distaffs came from Bulgaria with good provenance. Each resembles a halberd or spear. The elongated forms are undecorated for about a third of their length. At that point, the relatively short shaft transitions to the long blade, with a swelling in form.

The example at left is divided into sections. The added mirror seems like a flower on the stem formed by the base of the blade. This area also becomes the chest and shoulders for the spinner's face when reflected in the mirror. Two abstracted sections above the mirror continue the floral form and then transition to a purely geometric section consisting of two bands crossing one another, perhaps in an effort to represent a type of braid. Stylistically at odds with the floral elements below, it works well aesthetically. The top of the distaff finishes with a triple lobed element suggestive of a *fleur-de-lis*. A single hole is at top center. A black substance was rubbed into the surface carving to heighten the contrast of the carved decoration.

The distaff at right strongly resembles a gently curved spear. The section of carving circling the top of the shaft is filled with a substance to heighten contrast; the carving on the blade was not given the same treatment. Like the previous example, this distaff has floral decoration. A floral section near the base of the blade has what appear to be finger grips on either side. Above this the blade gently tapers to a rounded point. A sinuous plant form winds its way down the length of the blade. Lobed borders enclose the upper blade, except for the very top, where a single hole is placed.

The top holes in these distaffs would allow them to be hung on a wall, but would be functional to the spinner as well. A ribbon or string tied through this hole would be wound around the fiber to hold it in place during spinning.

Both distaffs are one piece, and made from what appear to be natural branches. The variation between the two, in form and decoration, suggests that these distaffs are not from a workshop environment, but are more likely the product of talented individuals, working in the regional style.

Distaffs of similar form are also found in the region of Cluj in northwestern Romania. Further research is needed to differentiate between the two similar styles. In the meantime, in spite of provenance, there is a small chance that these two distaffs are Romanian, rather than Bulgarian.

Left (with detail)

Dimensions: 38.9" x 2.8" x 0.7"

Age/date: Circa 1880-1930.

Construction: One piece of wood with surface carving and inset mirror.

Smoothed from years of handling, this distaff shows discoloration at the top where fibers were tied for spinning. The mirror might be a talisman of sorts, or placed to allow the spinner to have a glance at herself while working.

Right (with detail)

Dimensions: 45.4" x 2.1" x 0.7"

Age/date: Circa 1890-1950.

Construction: One piece of wood with surface carving.

The elegant carving at the top of the shaft is a perfect hand hold. The surface carving is primitive, but well executed. This distaff seems to show less use than the other, but is also probably newer.

Modern Greece was founded in 1830, a considerable age for a nation, many of whose neighbors are new, as independent nations go. Yet, as the 1874 map on page 120 shows, substantial areas of modern Greece were still part of Turkey during the late 19th century.

With practice, Greek distaffs are relatively easy to recognize. Their methods of construction and decoration are consistent, and they tend to have an organic quality, shared, to a lesser degree, with their Albanian neighbors.

The only reference I have found for Greece distaffs is the online catalogue of the Ethnographic Museum of Geneva. Of the dozen Greek distaffs in their collection, most are from the regions of Mt. Olympus, Hydra and the Peloponnese.

CONSTRUCTION

All but one of the distaffs shown in this section have shafts that were made from sticks, presumably found wood. In several instances, the blades are carved separately, often from a different type of wood, and notched into place on the shaft. This would be an expedient, as the maker does not have to do all the work on a single piece of wood, allowing him to focus on creating the blade and later notching it into a shaft. Three others distaffs have openings cut through the shaft allowing the blade portion to slide through.

The carved forms seem organic, sinuous and almost snake-like (left). Others suggest Greek symbols or characters from the Greek alphabet. Carving rounded edges takes more time. Engraving a curved surface provides it own challenges.

DECORATION

Geometric decoration is prevalent. Figurative decoration is uncommon. While some of the Greek distaffs might have been sealed or acquired a color patina, none of the examples in this section have been painted. With the exception of the unusual distaff with applied copper or brass nuts, decoration is generally confined to surface carving, often of a meticulous nature. No two distaffs seem to demonstrate the same approach to carving. The decoration generally seems purposeful, with some areas densely packed with mark making to produce an eye-dazzling effect.

In terms of technique, the decoration is split between engraving or scratching, chip carving and stamping. In some instances it can be difficult to identify the decorative technique, particularly with the wear of years. Occasionally, Greek distaffs bear written inscriptions, or at least a few letters suggestive of the recipient's initials.

The quality of the work suggests the hands of experienced carvers. A lack of repetitiveness points to individual work, rather than workshops; perhaps more of Dritan's shepherd/carvers.

Detail of a Greek distaff, page 132, center.

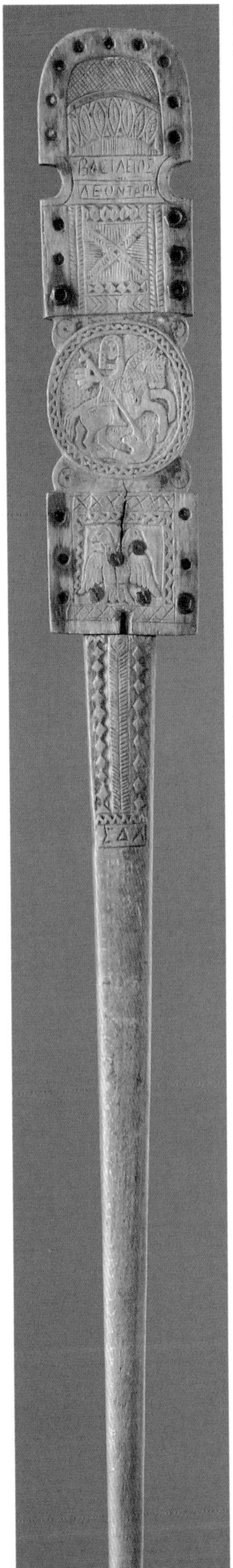
ΒΑΣΙΛΕΙΟΣ
ΛΕΟΝΤΑΡΗ

ΒΑΣΙΛΕΙΟΣ
ΛΕΟΝΤΑΡΗ

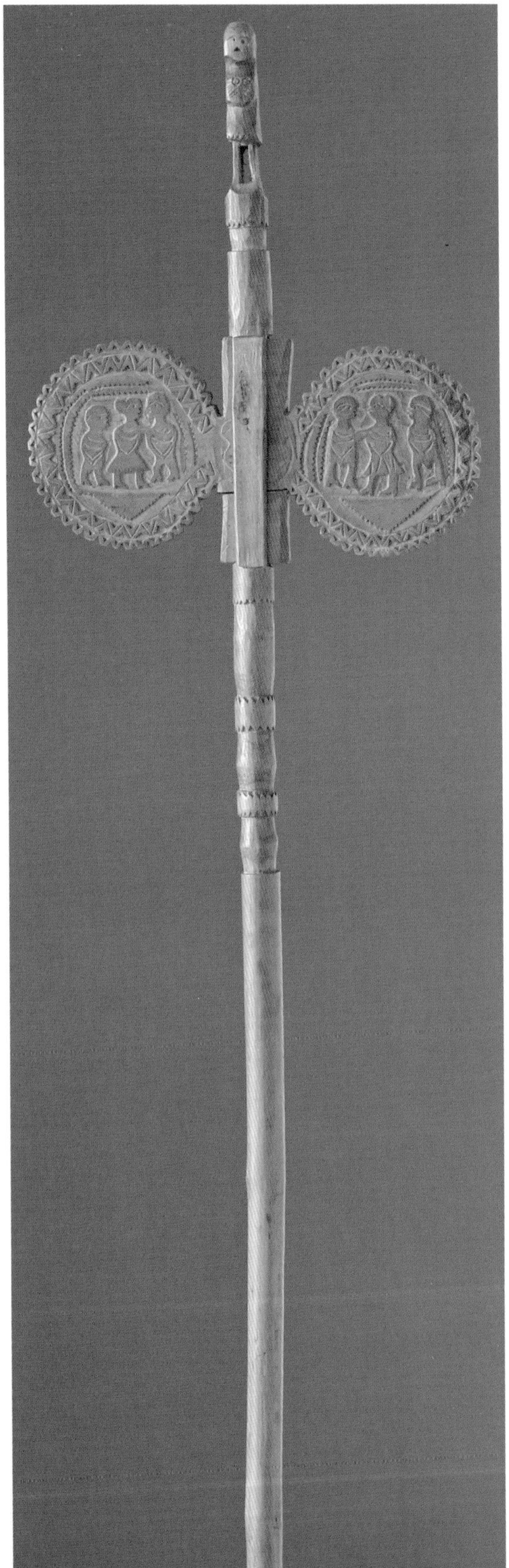

Left (with detail)

Dimensions: 34.5" x 2.8" x 1.2"

Age/date: Circa 1860-1920.

Construction: Two pieces of wood (joined with screws) with carving, bas relief carving, engraved and stamped decoration. Brass/copper nuts inset for decoration.

This unusual distaff is decorated with brass or copper nuts, placed around the blade edge. The headpiece notches into the shaft and is held in place with four poorly located large screws; certainly not placed by the carver, and possibly from replacing the shaft. The shaft is carved at the top with a simple geometric pattern; at the bottom are three Greek letters. The bottom of the nicely shaped blade has a double-headed eagle, above which is a medallion shaped carving of St. George and the Dragon. The rest of the blade has geometric and leaf patterns, and two rows of Greek letters. The back is blank, but has a green color, probably staining from the nuts.

Right

Dimensions: 32.6" x 8.0" x 0.8"

Age/date: Circa 1900-1940.

Construction: Two pieces of wood with carving, bas relief carving and chip carving.

The shaft on this example is nicely carved with recessed bands, and is crowned with an unusual female figure on top. Passing through a opening cut in the shaft, the blade is held in place with nails. The bottom central portion is broken, but the blade was originally all one piece. The blade is a double-lobed form with bas relief carving on both sides. On the front (the direction the carved finial faces) are two nearly identical images of a biblical scene(?) with one woman standing between two men. On the back are similar double depictions almost certainly representing Adam and Eve in the Garden of Eden. All four images are bordered by intricate chip carving. The figure carving is primitive, but the appeal is unmistakable.

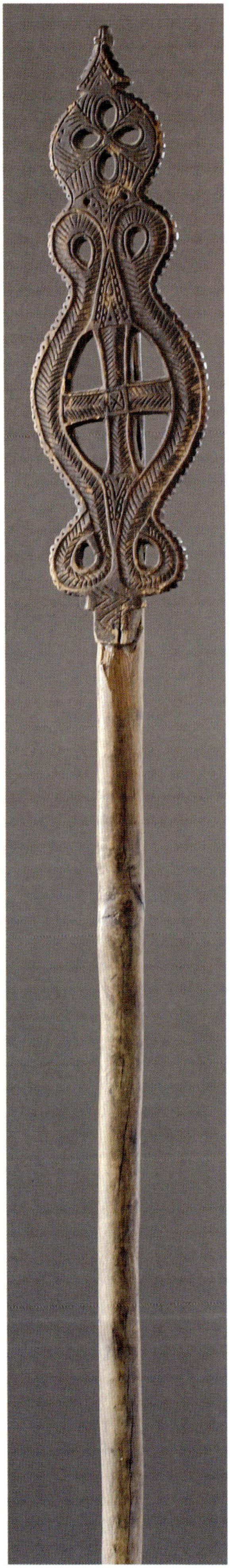

Left

Dimensions: 28.6" (with loss at top) x 3.6" x 1.1"

Age/date: Circa 1850-1900 (with later repairs).

Construction: Three pieces of wood with through carving, chip carving and engraving.

This distaff has a carved headpiece notched into a shaft and held in place with nails. The shaft is plain and undecorated. The headpiece, now missing part of its top portion, is complex in design. The lower part of the blade has alternating side elements, half semicircular and half squared off. These are interrupted by a narrow band large enough for a single finger. The top of the headpiece has a cross within a nearly circular space, with through carved sections at each quadrant. The crossed lobes at center are reminiscent of two *lemniscate* (infinity symbols) at right angles, but also suggest the Greek symbol *oplus*, a cross within a circle. Related designs are seen on other Greek distaffs, such as the next entry. On either side of the lower element of the central cross are what appear to be two sketchily engraved creatures, possibly horses. The back has a sharp prong, attached with nails, to aid in holding fiber. This attachment appears original.

Center

Dimensions: 28.0" x 3.2" x 1.3"

Age/date: Circa 1800-1850 (blade older than shaft).

Construction: Two pieces of wood with through carving and engraving.

The shaft on this example, as with the previous distaff, is unembellished. The headpiece is notched into the shaft and held in place by adhesive. The shaft is relatively short and probably not original. The joining of the blade to the shaft appears to be a later, but not recent, effort.

The blade is very well carved. The elegant and flowing form is complemented by the engraving. The through carving is well handled. The four lobed cross at the widest part of the head appears as a positive (almost a Maltese cross) while another such cross appears at the top, this time as negative space. The larger cross can also be seen as a mouth with the holes immediately above taking on the appearance of eyes. There is at least some question as to whether or not the blade was originally for a distaff, or if it was reused. Like many examples from the Balkans, there is a suggestion of religious processional forms. The question is, whether any distaffs recycle such religious articles. This is unlikely, as it would probably be regarded as sacrilegious. More likely they simply emulated those powerfully symbolic forms.

Right

Dimensions: 29.2" x 5.4" x 0.9"

Age/date: Circa 1850-1900.

Construction: Two pieces of wood with carving, through carving and fine engraving.

This unusual distaff lost most of one side of its blade. From the damaged area it is clear that it would have been symmetrical, looking shockingly like a well-rendered pair of eyes staring at the viewer. As with the distaff on page 129 (right) the carved section slides through a rectangular hole cut in the shaft. On this example, the blade is pinned in place with a small wooden peg. About 40% of the shaft below the blade is finely engraved. Like all but one of the Greek examples in this section, the shaft appears to be a found stick. The shaft carving exhibits substantial variety in decoration.

Left

Dimensions: 35.7" (with loss at top) x 5.7" x 0.8"

Age/date: Circa 1850-1900.

Construction: Two pieces of wood with bentwood work, fine chip carving and engraving.

Detailed engraving on the shaft and innovative bentwood work define this distaff. The one piece shaft, made from found wood, is shaved in on both sides below the blade. From this area to the top, the shaft is very finely engraved on both sides. The form of the tip is uncertain, as it is partially missing. A deceptively simple bentwood stick forms the functional blade, presumably steamed before being inserted through a slit cut in the shaft and then inserted in notches further up the shaft. One half of one side of the bentwood is given a simple engraved decoration.

Center

Dimensions: 33.9" x 5.2" x 1.0"

Age/date: Circa 1850-1900.

Construction: One piece of wood with bentwood work, chip carving, engraving and stamping.

Made from a found branch, this distaff is a masterwork of simplicity. The carving is interesting and well executed, but the blade portion is remarkable. Two original branches were trimmed, bent and inserted back into the shaft. The branches must have been steamed to bend, and retain their shape. The effect is reminiscent of a *lemniscate*, or infinity symbol, and the illusion of the looped wood being one piece enhances the effect. The blade portion also looks like a pair of eyes. No simple task for the maker, this distaff has maintained its integrity for at least one hundred years.

Similar examples in the Ethnographic Museum of Geneva suggest that the distaffs on this page are all from the region of Mount Olympus.

Right

Dimensions: 22.4" x 4.2" x 0.9"

Age/date: Circa 1850-1900.

Construction: One piece of wood with bentwood work, carving and engraving.

Found in France, this distaff is clearly related to the previous example and was presumably made in the same region. The same remarkable bentwood construction is present on the blade, but this distaff has deep engraving cut into the shaft. A pattern of repeating nests of diamonds covers the shaft for about ten inches below the base of the blade. Much shorter than the previous distaff, this example was probably modified after a bad break, leaving it looking much more like a short form distaff. The similarities between these two distaffs suggests that local styles were well defined.

Macedonia lies south of Serbia and north of Greece, between Albania and Bulgaria. Macedonian distaffs show strongest similarities to those from Albania and Serbia. Paddle-like blades rise from flat tapering shafts or simple sticks. Through carving competes with relief carving for decoration. A distinctive turned variety resembles a large drop spindle.

Only the turned style looks to be a workshop product. The rest are probably the work of individuals.

Left

Dimensions: 35.3" x 3.7" x 0.5"

Age/date: Circa 1850-1900.

Construction: One piece of wood with through carving.

Simply formed from a single piece of wood, this distaff suggests a religious processional piece—the through cut crosses adding to the effect. It is attributed to Macedonia on the basis of form.

Center (with detail)

Dimensions: 40.6" x 4.1" x 0.25"

Age/date: Circa 1850-1900.

Construction: Two pieces of wood with bas relief carving, finger joined shaft and green paint.

Related in design to the two bas relief Serbian distaffs, this example was found in Greece where it was attributed to Northern Macedonia. The bas relief carving on the front features an ornate potted plant with birds. The floral/avian element at bottom has a decidedly Art Nouveau flavor. Bas relief carved writing on the central panel is rendered illegible by the thick green paint.

Right

Dimensions: 37.8" x 4.4" x 0.5"

Age/date: Circa 1880-1920.

Construction: One piece of wood with through carving and surface carving.

With a broad flat shaft and rectangular blade, this distaff is clearly related in form to those from northern Albania. A focus on through carving, rather than carved decoration, dominates, as only a single carved floral element, at the juncture of base and shaft, is present. The form of the blade is sophisticated; the design is well thought out and precisely executed.

Although found in Bulgaria, this distaff can be attributed to Macedonia.

Immediate left

Dimensions: 40.8" x 2.2" dia.

Age/date: Circa 1880-1920.

Construction: Turned from two pieces of wood and paint.

Resembling nothing so much as a giant drop spindle, this distaff came directly from Macedonia with strong provenance. That said, this form is found throughout the Balkans and may be made by multiple cultures, or exported.

The turning and painting are masterful, with the upper piece joining the lower just below the red bell-shaped portion. Well sanded and waxed, with a good sense of proportion and design, this distaff feels more like a workshop product than any other distaff from the Balkans.

Note the similarity with the turned French examples, which are assembled from multiple turned sections.

УСТАЈЗОРАЈЕ

Serbia is the furthest north of the seven Balkan nations represented in this book, sharing borders with several nations, including Albania, Macedonia and Bulgaria, among others. The two bas relief Serbian distaffs show similarities to the green Macedonian distaff on the previous page. It is uncertain who might have influenced who. All three have similarly cut topknots. The form-filling styles of chip carving on the two bas relief Serbian examples are similar, but not identical to one other. Both employ painted decoration, uncommon on distaffs from the Balkans.

The quality of construction on these three distaffs suggests talented hands, perhaps professionals, but probably not workshop environments. The carefully placed bas relief inscriptions were certainly carved by the makers. If such inscriptions contain unique or personal messages, then the distaff would logically be a commissioned work.

See page 142 (center right) for a regionally related, but separately considered, Bosnian distaff.

Left

Dimensions: 39.4" x 4.8" x 0.7"

Age/date: Circa 1880-1920.

Construction: One piece of wood with relief carving, chip carving, stain/sealer and metallic painted decoration.

Strictly floral, the plant images are embellished with metallic paint. The blade appears to be stained. The inscription has not yet been translated.

Serbian(?) burl wood cup with bas relief carving, circa 1880.

Center (with detail)

Dimensions: 31.3" x 3.7" x 0.4"

Age/date: Circa 1850-1900.

Construction: One piece of wood with through carving and engraving.

I initially believed this distaff to be Croatian, but Thierry Coudert, by accessing a European reference, was able to firmly attribute it to the Serbian culture.

This distaff displays remarkable engraving. The decoration seems humorous and inviting. From the single snake-like bird on the shaft to the rosette on the medallion doubling as a sun, the maker clearly enjoyed his work. Two initials, difficult to decipher, appear just above the medallion. The engraving on the crown-like top of the blade is so dense that this section almost seems to be constructed of basketwork.

Right

Dimensions: 35.6" x 4.1" x 0.7"

Age/date: Dated 1918.

Construction: One piece of wood with relief carving, chip carving and painted decoration.

One source attributed this distaff to Bulgaria. A close friend stated it was Serbian. The riddle is solved by the crowned two-headed eagle crest containing four Cs, which is a depiction of the Serbian Coat of Arms. Given the complex history and changing boundaries of the Balkan nations, any confusion of attribution is understandable. As mentioned elsewhere, my attributions are generally cultural, rather than national.

The inscription within the panel at the bottom of the distaff blade translates as:

Remember the evening glow with love.

Of the six nations discussed in this section, Turkey is a geographical exception, as it lies (in large part) outside of the area generally defined as the Balkans. Since Turkey is a close neighbor and regional influence, and lies partially within the Balkans, it will be included in this section.

The five distaffs shown here were located by Hakan Secilmis. He knows his culture well and verified attribution. Since his connections were primarily in the Bursa area, all of these distaffs are from that region.

As the photographs show, these Turkish distaffs are relatively simple working tools. Hakan assures me that shepherds often make distaffs for their wives while tending their flocks. Most of the distaffs included here seem to support that statement.

There is another class of textile tool which complicates our understanding of Turkish distaffs. These other tools relate to the distaff on page 140 right, and the Turkish sewing appliance shown on page 144, which *may* be adaptable as a distaff.

Hakan shared with me a photograph of a group of shafts for such devices. All but one were designed to slide into a base and all but one were tapered on top to receive a headpiece, like the aforementioned sewing appliance. All had squared shafts and were embellished with engraving and intricate chip carving. One had cut metal applique and one had beads inlaid. The shafts seemed too short for distaffs, but with an extension, or placed on a table, they could easily double as distaffs—truly multipurpose tools. They would clearly represent a different class of tool, more sophisticated than most of those shown here. An apparent relationship to long form European distaffs, such as the examples illustrated in the French section above, also seems possible. The metal applique mentioned above might even be an effort to emulate the beautiful pewter inlay found on French (and other European) distaffs. That said, there is also the possibility that the sophisticated Turkish distaffs, as a style, predate European examples and are distant models for, rather than an echo of, European distaffs.

The consistency and quality of the aforementioned shafts (and the one at right on page 140) suggest professional makers or a workshop environment, while those at left, and the two at left on page 140, were made by the hands of individuals working under primitive conditions.

Left (with detail)

Dimensions: 32.6" x 2.6" x 0.6"

Age/date: Twentieth century.

Construction: One piece of wood, carved, with wrought iron extension.

Bold and primitive, this distaff has a powerful presence. The wrought iron addition is certainly functional, and very reminiscent of a bull's horns. It originates from the region of Bursa, on the south coast of the Sea of Marmara.

Right

Dimensions: 31.6" x 2.0" x 0.4"

Age/date: Twentieth century.

Construction: One piece of wood, carved.

A true working tool, this distaff appears to have lost two outer teeth. Again, the simplicity of form is evident. The broad shaft narrows to a long neck topped by the simple fork. Nothing is unnecessary, all is functional. This distaff is also from the region of Bursa.

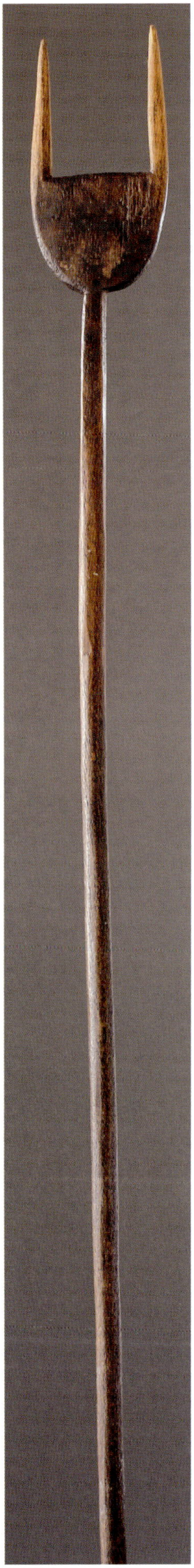

Left

Dimensions: 29.1" x 1.5" x 1.4"

Age/date: 1900-1940.

Construction: One piece of wood, carved.

Determining the age of Turkish distaffs is challenging. Hard use and poor storage can make any wooden item look older than its actual years. This example seems genuinely old, the wood polished by the spinner's hand. While the form is relatively simple, it does have some embellishment. The tapered base of the shaft could fit under the arm or slide into a stand. The notched 'collars' below the blade don't seem functional, but add an elegant touch. The four prongs would be very effective in holding fibers. More care, or at least more time, was given to its making than the previous examples.

Center

Dimensions: 30.9" x 2.7" x 0.5"

Age/date: 1900-1960.

Construction: One piece of wood, carved.

Simplicity itself, this distaff was not as easy to make as it might appear. In subtractive sculpture, removing more material means more work. Reducing a piece of wood to this extended two-pronged fork would be quite a challenge. The patina on the blade reminds us of the fiber placed there for spinning. The polished place just below the blade is where this distaff was held countless times. This example is also from the region of Bursa.

Right (with detail)

Dimensions: 23.8" x 3.6" x 1.1"

Age/date: Late 19th century.

Construction: Two pieces of wood, carved, with surface carving, engraving and staining.

Starkly different from the other Turkish distaffs, this example is from the Marmara area. A dark finish, presumably a stain, makes the remarkable carving less pronounced.

A peg near the top should be the point of attachment for the fiber. Two angled holes in the bottom section probably allow it to be firmly attached to a stand. Attaching a relatively short distaff, like this example, to a stand would bring it to a suitable height for spinning—thus supporting the theory that the stands which look like sewing appliances might be multipurpose tools.

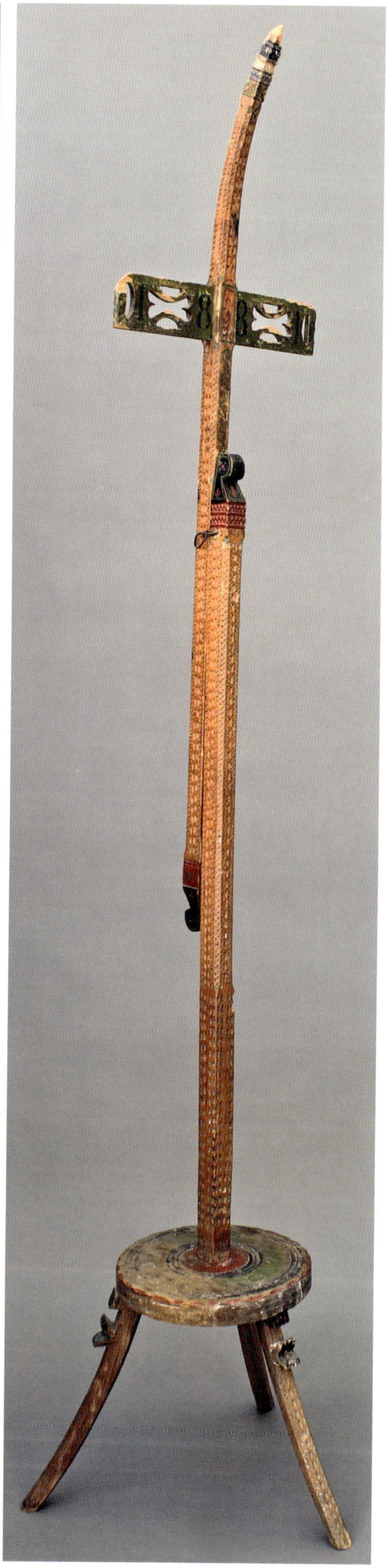

Far left

Dimensions: 38.5" x 3.2" x 0.8"

Age/date: 1880-1920.

Construction: One piece of wood with stamped decoration and openwork carving.

This unattributed distaff does not conform to any documented source of origin. The blade shape and decoration are unusual. The emphasis is on through carving with simple, but recognizable, elements: a tree, a heart, crescents and a circle. The surface decoration is probably from a stamp, hammered repeatedly into the wood.

No similar distaffs appear in the available literature. It might be a unique rural effort, based on a source other than those traditions represented in this study.

Center right

Dimensions: 36.4" x 3.3" x 0.7"

Age/date: Circa 1850-1900.

Construction: One piece of wood with relief carving, chip carving and engraving Scratched and filled decoration on reverse.

This Bosnian distaff is not included with the Serbian examples, since, while historically sharing territory, the two cultures are notably different. So are their distaffs. The quality of work on this distaff is superb. The intricate geometric carving on the front is first rate, suggesting the work of a master carver. The back was incised with geometric designs which were filled with the wax or sealant used to coat the distaff. At some point, the shaft split from the juncture of shaft and blade downwards and was repaired. Being a single example, it is not with the other Balkan distaffs. See page 6 for detail images of both sides of this distaff's blade.

Center left

Dimensions: 10.6" x 2.1" dia.

Age/date: 1850-1890.

Construction: One piece of primary wood with geometric and figurative carving. Eight pieces tabbed in place and held by wrapped root(?) fiber with fabric and loose elements inside.

Diminutive in stature, this Italian distaff is from the region of Calabria in southern Italy, not far from the toe of the boot. The small figure is nicely carved and the decorative carving well handled. The central portion is enigmatic. Eight tabs, four on top and four below are held by what looks to be a strip of bark. Inside you can see black fabric, but you can't see the loose elements that make this distaff a rattle. Given its modest size, this distaff was probably intended to fit in the swing arm of a spinning wheel.

Far right

Dimensions: 52.2" (as set) x 12.4" x 10.7"

Age/date: Dated 1881.

Construction: Three pieces of wood, plus a four piece stand. Through carving and surface carving with painted decoration.

Ingenious in construction, this German distaff adjusts to a variety of heights, insuring the spinner has her fiber where she wants it. The upper shaft has a peg which slides into a slot in the lower shaft allowing it to move. A wire at the top holds them in position. The lower shaft is precisely fitted to the base, which has beautifully flaring legs. Elements near the top of each leg resemble open mouths. A crossbar passes through a slot cut in the upper shaft with through cut decoration and *1881* painted on it. The chip carving is precise, and the painted decoration is very well executed.

Often mistaken for distaffs, sewing stands help to hold textiles in place during repair. The Russian stands below have cushions added for pinning. The bell form on top of the Turkish stand at right is easily removable, suggesting the stand may have been intended for more than one purpose. Addition of a different top piece could allow it to function as a distaff.

Two Russian sewing appliances, circa 1900, top, 13.7" high, bottom 17.2" high.

Turkish sewing stand, circa 1900, 32.5" high.

Flax Knives—Flax Brakes

Processing flax requires the separation of flax fibers from the stems. This is accomplished by use of a flax brake or flax knife. Flax brakes are large sturdy devices capable of withstanding years of hard use. They are generally undecorated.

Flax knives are of two types. A working flax knife is relatively massive and capable of withstanding repeated pounding against the flax. This is hard work and a really tough tool is required.

Gift knives are a different story. Carved and painted, they would be given to women on various occasions. While many surviving examples show signs of use, most are not sturdy enough for regular use. Many are quite delicate and probably never intended for use at all. Often dated and displaying the initials of the recipient, they are elegant and charming. Unlike most textile tools from the Nordic Countries, flax knives have broad flat surfaces that lend themselves well to painted decoration, which is primarily floral.

Three Swedish Flax Knives, each dated, top 20.5" long, middle 19.8"long, bottom 23.7" long.

Tape looms—Rigid Heddle Looms

The weaving of sashes, and other narrow pieces of fabric, often involves the use of a tape loom, also know as a rigid heddle loom. Warp threads pass through the holes (see below) as well as between the rods. This allows the weaver to easily separate the warps, by lifting and lowering the loom, allowing for quick passage of the weft.

Top: French (Auvergne) tape loom, 5.9" high, 19th century. Bottom: Norwegian tape loom, 10.2" high, dated 1851.

Mangle boards appear in many cultures under several names. They are used to flatten a textile wrapped around a dowel by repeated rolling action. This process is less damaging to valuable textiles than hot irons and the rolling imparts a smoothness, and rigidity, of surface unobtainable by any other means. Someone who devotes months to weaving a textile is going to use great care in its cleaning and preparation for use.

Given the force necessary in their use, the boards are usually strong and the handles stout. The delightful horse handles, dovetailed into the board, provide a good grip, although the force of use often loosened them. Decoration takes the form of floral and geometric carving, sometimes enhanced with paint. As mangle boards were frequently given as gifts, initials and dates are often added.

Mangle boards, top to bottom: Scandinavian, dated 1869, 24.7", Norwegian, circa 1860, 25.4", Norwegian, circa 1860, 28.7".

Textile Smoothers—Laundry Bats/Beetles

Laundry bats and textile smoothers appear similar. They are used precisely as their names suggest. The cover (and page 58) of Kati Reeder Meek's book, *Reflections from A Flaxen Past: For Love of Lithuanian Weaving*, has a photograph of a young girl on a platform over the water using a laundry bat very similar to the Lithuanian example below. Clearly (and beautifully) posed, the photograph depicts a likely setting for using a bat or beetle. They were used to forcefully flatten the flax fibers, eliminating space between threads and making the linen stiff. Bats & beetles are stout, enabling them to stand up to hard use.

Smoothers are less massive and may be vestigial laundry bats; too light in weight for pounding laundry, but (in the same fashion as flax knives) suitable as gifts. They could be used for smoothing bed linens in place, making the sheets perfect without getting on the bed.

Smoothers and bats were often decorated with carving and/or painting. Commonly given as gifts, they are frequently dated and initialed.

Laundry bats/smoothers, above, Lithuanian, dated 1928, 10.5" below, Swedish, dated 1879, 12.9".

Drop Spindles

Drop spindles are vital for hand spinning, as they help the spinner impart a twisting motion to the fibers and also spool up the yarn. Found in a wide range of sizes and forms, drop spindles often have a weight (whorl) to provide momentum for spinning. A spinner would choose the spindle needed for a particular task. The spindle for yarn to weave lace would differ from that required to spin yarn intended for a towel.

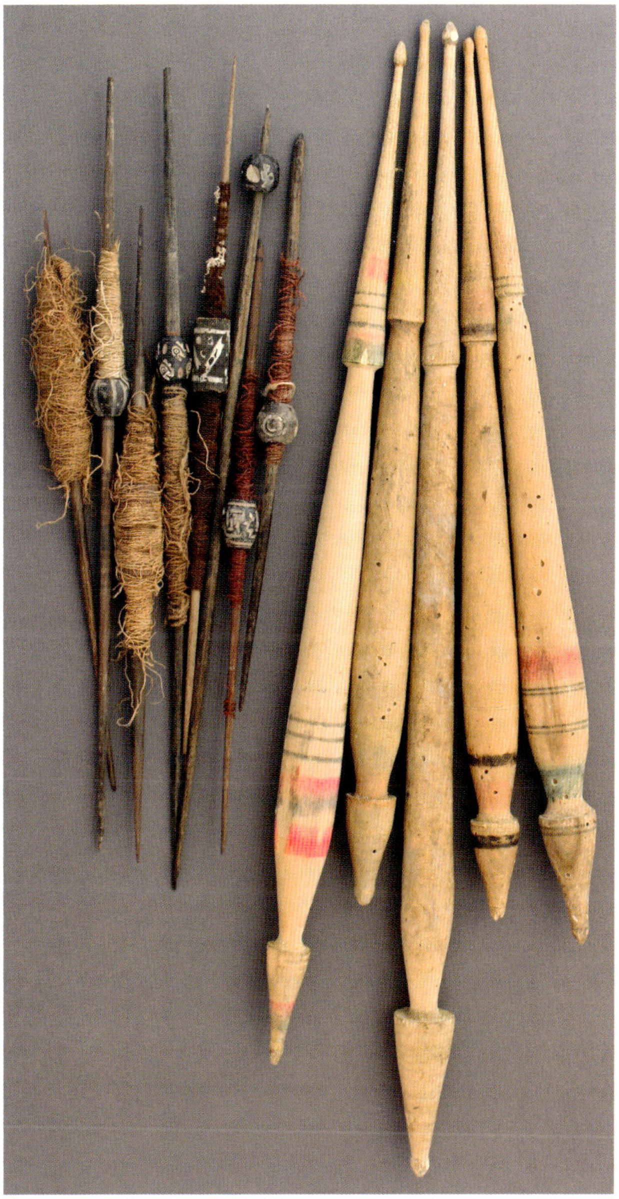

Left: A group of Andean drop spindles, circa 1200-1400. Right: Five Bulgarian drop spindles, circa 1900, longest 14.3".

One thousand copies of this book were printed by Stephen F. Austin State University Press
in July, 2013, with printing by Everbest Printing Co., through Four Colour Print Group,
on China Gold East 105# matte text stock. The font used throughout is Bembo.

Above: *The Unity Tree*, a large stone monument in the form of a distaff blade in Vyngio Parkas, Vilnius, Lithuania. Unveiled on November 7, 2009, it celebrates Lithuania's millennium anniversary. The sculptor is Tadas Gutauskas and the architect is Rolandas Palekas. Nine meters (30 feet) tall, the sculpture bears the names of one hundred prominent Lithuanians. Leaning against the base is an antique Lithuanian footed distaff (detail photograph, page 77).
Photograph by Ramutis Petniunas.